首都圏版⑯ **最新入試に対応！　家庭学習に最適の問題集!!**

立教女学院小学校

2025年度版 過去問題集

2022～2024年度 実施試験 計3年分収録

問題集の効果的な使い方

①学習を始める前に、まずは保護者の方が「入試問題」の傾向や、どの程度難しいか把握をします。すべての「アドバイス」にも目を通してください。
②各分野の学習を先に行い、基礎学力を養いましょう！
③力が付いてきた「過去問題」にチャレンジ！
④お子さまの得意・苦手がわかったら、その分野の学習を進め、全体的なレベルアップを図りましょう！

厳選！ 合格必携 問題集セット

数　量	Jr. ウォッチャー ⑭「数える」
言　語	Jr. ウォッチャー ㊾「しりとり」
常　識	Jr. ウォッチャー ㉗「理科」、55「理科②」
図　形	Jr. ウォッチャー ❺「回転・展開」
巧緻性	Jr. ウォッチャー ㉕「生活巧緻性」

日本学習図書（ニチガク）

ニチガク式学習支援!!

日本学習図書 ニチガク

こんなこと…ありませんか？

「ニチガクの問題集…買ったはいいけど、、、
この問題の教え方がわからない（汗）」

メールでお悩み解決します！

☆ ホームページ内の専用フォームで必要事項を入力！

☆ 教え方に困っているニチガクの問題を教えてください！

☆ 確認終了後、具体的な指導方法をメールでご返信！

☆ 全国どこでも！スマホでも！ぜひご活用ください！

<質問回答例>

アドバイス

推理分野の学習では、後の学習に活きる思考力を養うことができます。ご家庭で指導する場合にも、テクニックにたよらず、保護者の方が先に基本的な考え方を理解した上で、お子さまによく考えさせることを大切にして指導してください。

Q.「お子さまによく考えさせることを大切にして指導してください」と学習のポイントにありますが、考える習慣をつけさせるためには、具体的にどのようにしたらいいですか？

A. お子さまが考える時間を持てるように、質問の仕方と、タイミングに工夫をしてみてください。
たとえば、「答えはあっているけど、どうやってその答えを見つけたの」「答えは○○なんだけど、どうしてだと思う？」という感じです。
はじめのうちは、「必ず 30 秒考えてから手を動かす」などのルールを決める方法もおすすめです。

まずは、ホームページへアクセスしてください !!

https://www.nichigaku.jp　日本学習図書　検索

目指せ！合格！

家庭学習ガイド
立教女学院小学校

ペーパー　巧緻性　運　動　親子面接

入試情報

募集人数：女子 72 名
応募者数：女子 544 名
出題形態：ペーパー、ノンペーパー
面　　接：保護者・志願者面接
出題領域：ペーパー（数量、推理、言語、常識、図形）、巧緻性、運動

入試対策

ペーパー以外の巧緻性や運動に関する課題も多いので、バランスをよく考えて学習計画を立てましょう。2024 年度の入試では、例年出題されていたお話の記憶がありませんでした。しかし、問題文をよく聞きとらなければ解けない問題も出題されますので、聞く力、理解力が重視されていることには変わりないとみてよいでしょう。
保護者の方はどんな課題が出題されているのかをつかんで対策に反映させるようにしてください。すべての課題において、基礎的な学習をしておけば充分に対応できます。難易度の高い問題に取り組むのではなく、基本を徹底し、速く正確に解けるようになることが当校の１番の対策といえるでしょう。
本校では、ペーパーを解く前に白いゼッケンを着用し、「左右を蝶結びしてください」という指示が出されます。試験開始前だと油断せず、しっかりと指示を聞き、対応できるようにしましょう。
保護者面接では、解答者は指定されず、保護者の方に質問し、解答者側が判断して回答するという形式がとられました。どちらが話しても、一貫性のある話ができるように事前に保護者間で話し合い、ご家庭の教育方針などを確認しておくことをおすすめします。志願者への面接では、面接官の前に座り、面接官に示された絵を見て質問される形式で行われました。内容は難しくはありませんが、初対面の大人との会話（面接）は、思っているよりもハードルが高いことですので、しっかりと練習しておくことをおすすめします。

●常識分野の問題は身近なものや季節の行事などに加え、虫の足の数や、卵から生まれる動物なのかそうでないのか、なども問われます。理科の一歩踏み込んだ知識も求められるので、図鑑などを活用して対策を行いましょう。

● 2024 年度の巧緻性の課題は、箸使いでした。過去には、ビーズ通しやチョウ結びなどが出題されています。いずれも日常生活で経験することが出題される傾向にあるので、生活体験を積むことを心掛けましょう。

●難しいものではありませんが運動の課題もあります。特別な対策は必要ありませんが、学習の合間に体を動かすくらいのことはしておきましょう。

●数量の問題は当校独特の出題形式になっています。過去問を中心に学習に取り組んで、しっかりと慣れておくようにしましょう。

「立教女学院小学校」について

〈合格のためのアドバイス〉

2024年度の出題を見ますと、「お話の記憶」の出題がありませんでした。しかし、出題方法などを見ると、聞きとりが必要な問題も多く、入試全体を通して「聞く力」、「理解力」が求められることには変わりありません。

例年、「数量」「推理」「言語」「常識」「図形」の出題がなされ、2024年度もその傾向に変化はありませんでした。これらの分野の対策は必須です。中でも「数量」は、風景が描かれた1枚の絵を利用した問題が定番になっています。1つひとつがバラバラで、しかも背景とまぎれやすいものを数えて、和や差を問われたりします。はじめて問題に取り組むお子さまは戸惑ってしまうかもしれません。類似問題を繰り返し解き、形式に慣れておきましょう。

面接は考査日前に行われます。登校後、面接の前に、アンケートの記入があります。通学経路、所要時間、家族構成、アレルギーの有無などです。2022年度のアンケートには「志望動機」や「子どもについてのエピソード」などを書く必要がありましたが、2023年度からは簡略化され、2024年度も基本事項のみを書く形式のものが踏襲されました。

〈2024年度選考〉

〈考査日〉

◆ペーパー（お話の記憶、数量、推理、言語、常識、図形）
◆巧緻性
◆運動
◆保護者・志願者面接（考査前に実施）

◇過去の応募状況

2024年度　女子544名
2023年度　女子591名
2022年度　女子653名

入試のチェックポイント

◇生まれ月の考慮…「あり」
◇受験番号…「生年月日逆順」

立教女学院小学校
過去問題集

〈はじめに〉

現在、少子化が叫ばれているにもかかわらず、私立・国立小学校の入学試験には一定の応募者があります。入試は、ただやみくもに学習するだけでは成果を得ることはできません。志望校の過去における出題傾向を研究・把握した上で、練習を進めていくこと、試験までに志願者の不得意分野を克服していくことが必須条件です。そこで、本問題集は小学校を受験される方々に、志望校の出題傾向をより詳しく知って頂くために、出題頻度の高い問題を結集いたしました。最新のデータを含む精選された過去問題集で実力をお付けください。

また、志望校の選択には弊社発行の「**2025年度版　首都圏・東日本　国立・私立小学校　進学のてびき**」をぜひ参考になさってください。

〈本書ご使用方法〉

◆出題者は出題前に一度問題を通読し、出題内容などを把握した上で、〈**準　備**〉の欄に表記してあるものを用意してから始めてください。
◆お子さまに絵の頁を渡し、出題者が問題文を読む形式で出題してください。問題を読んだ後で、絵の頁を渡す問題もありますのでご注意ください。
◆**「分野」**は、問題の分野を表しています。弊社の問題集の分野に対応していますので、復習の際の目安にお役立てください。
◆一部の描画や工作、常識等の問題については、解答が省略されているものがあります。お子さまの答えが成り立つか、出題者が各自でご判断ください。
◆〈**時　間**〉につきましては、目安とお考えください。
◆本文右端の［**○年度**］は、問題の出題年度です。［**2024年度**］は、「2023年の秋に行われた2024年度入学志望者向けの考査で出題された問題」という意味です。
◆**学習のポイント**は、指導の際にご参考にしてください。
◆**【おすすめ問題集】**は各問題の基礎力養成や実力アップにご使用ください。

〈本書ご使用にあたっての注意点〉

◆文中に**この問題の絵は縦に使用してください。**と記載してある問題の絵は縦にしてお使いください。
◆〈**準　備**〉の欄で、クレヨン・クーピーペンと表記してある場合は12色程度のものを、画用紙と表記してある場合は白い画用紙をご用意ください。
◆文中に**この問題の絵はありません。**と記載してある問題には絵の頁がありませんので、ご注意ください。なお、問題の絵の右上にある番号が連番でなくても、中央下の頁番号が連番の場合は落丁ではありません。
下記一覧表の●が付いている問題は絵がありません。

問題1	問題2	問題3	問題4	問題5	問題6	問題7	問題8	問題9	問題10
								●	●
問題11	問題12	問題13	問題14	問題15	問題16	問題17	問題18	問題19	問題20
問題21	問題22	問題23	問題24	問題25	問題26	問題27	問題28	問題29	問題30
問題31	問題32	問題33	問題34	問題35					
			●	●					

(得) 先輩ママたちの声！

◆実際に受験をされた方からのアドバイスです。
ぜひ参考にしてください。

立教女学院小学校

・基本的に毎年出される問題の傾向は同じなので、過去問は解いておいた方がよいです。なわとびは頻出なので、練習した方がよいと思います。

・当日は、中学生が誘導してくれました。長い待ち時間では、間食をとってエネルギーを補給しました。水分補給も意識した方がよいでしょう。

・受付の後、アンケートがあり、通学経路・時間、学校に伝えたいこと、幼稚園（保育園）の欠席日数、アレルギーの有無、起床・就寝時間、家族写真と本人写真の貼付など、記入項目が多いのでしっかりと準備をしていく必要があります。

・面接は、アンケートを見ながら進み、深掘りされる感じでした。しっかりと保護者間で話し合っておいた方がよいと思います。

・待ち時間が長かったので、本や折り紙などを持参して、子どもを退屈させないような工夫をした方がよいと思います。

・緊張して面接に臨みましたが、終始なごやかな雰囲気で進み、子どもに対しては特にやさしく接していただいているように感じました。

・ペーパー試験は、広い分野から出題されるので、過去問題や類似問題をできるだけ多く練習しておいた方がよいと思います。

・面接では事前に予想・準備していなかった質問をされたため、いつもはあまり動じない子どもが、声が出ないほど緊張してしまいました。どんな質問にも対応できるよう、ふだんから話し方、答え方を練習しておく必要があるようです。

・時間が足りなかったという声を多く聞きました。速く数える、速く解く練習をした方がよいと思います。

◎学習効果を上げるため、前掲の「家庭学習ガイド」及び「合格のためのアドバイス」をお読みになり、各校が実施する入試の出題傾向を、よく把握した上で問題に取り組んでください。
※冒頭の「本書のご使用方法」「ご使用にあたっての注意点」も併せてご覧ください。

2024年度の最新入試問題

問題1　分野：数量

〈準備〉　鉛筆

〈問題〉　問題1－1の絵を見ながら質問に答えてください。

（問題1－2の絵を渡す）
①絵の中に花はいくつありますか、その数だけ○を書いてください。
②ゾウがニワトリを飼っています。黒いニワトリは卵を2個産みます。白いニワトリは卵を1個産みます。ゾウの飼っているニワトリが卵を産んだら、卵は全部で何個になりますか。その数だけ○を書いてください。
③クマが8個の卵を持って帰り、3個キツネにおすそ分けしましたが、キツネの家から帰る時、橋で2つ落としてしまいました。残りの卵は何個ですか。その数だけ○を書いてください。
④ウサギがカレーを作ろうとしています。ジャガイモを3個、ニンジンを2本、タマネギを1個使いました。合わせて何個の野菜を使いましたか。その数だけ○を書いてください。

〈時間〉　各20秒

〈解答〉　①○：8　②○：8　③○：3　④○：6

アドバイス

例年、同じような問題が出題されており、当校を志望される方は必須の問題といえるでしょう。類似問題が頻出しているということは、それだけこの問題を解くための力を重視しているとも受け取れます。また、頻出問題ということは、志望される方は対策をとって入試に臨まれることが多く、こうした頻出問題を取りこぼすことは避けなければなりません。この問題は、絵を見ながら問題を聞くため、つい、絵を見ることに夢中になり、問題の大切な箇所を聞き漏らしてしまうことも考えられるミスの1つです。問題は最後までしっかりと聞き、問題を解く際の始動、数えたりする作業のスピードを速くすることがこの問題を取り組むときのポイントになります。かといって、これらの力はすぐに身に付くことではありません。特に始動、スピードといったことは日常生活から意識をして取り入れるようにしましょう。問題の絵を見る時は、一点に集中をするのではなく、絵全体をしっかりと把握するように心掛けましょう。

【おすすめ問題集】
Ｊｒ・ウォッチャー14「数える」、37「選んで数える」、
38「たし算・ひき算1」、39「たし算・ひき算2」、40「数を分ける」、
分野別　苦手克服問題集　数量編

問題2　分野：図形

〈準 備〉　鉛筆

〈問 題〉　（問題２－１の絵を渡す）
左の形を点線のところで、矢印の方向に折ると、どのようになりますか、正しいものを右から選び○をつけてください。
（問題２－２の絵を渡す）
２つ折りした紙の黒い部分を切り取って広げると、どのようになりますか、正しいものを右から選び○をつけてください。

〈時 間〉　問題２－１、２－２：各１分

〈解 答〉　①右端　②左端　③真ん中　④左から２番目　⑤右端　⑥左端

アドバイス

このような問題は、論理的思考力を必要とし、そこがしっかりと理解できないと正解を出すことは難しくなります。また、この問題も頻出問題となれば、志願者は対策をとってきており、正答率が高いことは容易に想像がつくと思います。だからといって、焦って問題数を多く取り組ませることは、かえって苦手意識を助長しかねません。このような論理的思考力を要する問題の場合、保護者の方が解き方を丁寧に説明しても、なかなか理解できないと思います。その場合、説明をするよりも、お子さま自身に答え合わせをさせることで、理解を深めることができます。まず、クリアファイルとホワイトボード用のペンを用意します。ファイルを問題の上に置いたら、上からペンで問題の絵をなぞります。なぞり終わったら、折り返す方向にファイルを倒すことで正解になり、自分の解答が合っていたかが分かります。保護者の方は、ただ正誤を見るだけでなく、どうして他の選択肢は違うのかをお子さまに質問してみましょう。作業を行うことでどのように変化するのかを理解し、説明をすることで論理的思考力を高めることができます。

【おすすめ問題集】
　Ｊｒ・ウォッチャー５「回転・展開」、８「対称」
　分野別　苦手克服問題集　図形編

問題3　分野：模写

〈準 備〉　鉛筆

〈問 題〉　お手本と同じになるように左の形を右の四角に描き写してください。

〈時 間〉　１分

〈解 答〉　省略

弊社の問題集は、同封の注文書の他に、
ホームページからでもお買い求めいただくことができます。
右のQRコードからご覧ください。
（立教女学院小学校おすすめ問題集のページです。）

アドバイス

図形の模写の問題は、小学校入試ではおなじみの問題ですが、多くの場合、点と点を結び、マス目の交差しているところを通る内容のものが出題されています。線の難易度としては、長い直線、点と点の間を通る斜め線などがありますが、この問題を見ると、それらの線も含まれていますが、必ずしも交差しているところを通っているわけではありません。このような出題は、お子さまにとりましてなじみのある線ではないと思います。初見では戸惑いを見せるかもしれませんが、慣れることでその戸惑いは回避することが可能です。線を書くときのポイントは、線をどこまで書くのか、先をしっかりと見定めながら描き始めることです。これは線が交差してない場所でも同じです。描き着く地点さえしっかりと認識していれば、途中で悩んだり、線がゆがんだりすることを防ぐことができます。保護者の方はお子さまの筆記用具の持ち方も確認し、出来ていない場合は正しい持ち方ができるよう練習させてください。筆記用具が正しく持てないと、線をしっかり描くことができません。

【おすすめ問題集】

Ｊｒ・ウォッチャー51「運筆①」、52「運筆②」

問題４　分野：言語

〈準備〉　鉛筆

〈問題〉　左の絵の２番目の音をつなげてできるものを右の絵から選び○をつけてください。

〈時間〉　１分

〈解答〉　①右から２番目　②左から２番目　③右端　④左端

アドバイス

小学校入試の言語の問題は絵を使用して解くことがほとんどですので、まずその絵が何を表しているのかがわからないと問題を解くことができません。この問題に登場している絵に特別、難しいものはありませんから、全て名前が言えるようにしておきましょう。もし、分からないものがあったら確認をしてください。右側の全ての音が分かってしまえば、あとは、左の音と照らし合わせて解くことができます。ただし、選択肢の中には正解と韻が同じものもありますので、正確な音で確認することも大切です。また、言語の問題は様々な種類がありますので、できるだけ多くの種類の問題に触れておきましょう。初めてだと、ルールが上手く理解できないこともあります。そうしたことを防ぐには多くの種類を解いて慣れることが１番の近道ですので、心掛けてみてください。

【おすすめ問題集】

Ｊｒ・ウォッチャー17「言葉の音遊び」、18「いろいろな言葉」、
49「しりとり」、60「言葉の音（おん）」

問題5　分野：常識

〈準備〉　鉛筆

〈問題〉　①さわるとゴツゴツしている野菜に○をつけてください。
②足の数が一番多いものに○をつけてください。
③卵で生まれる動物に○をつけてください。

〈時間〉　各15秒

〈解答〉　①右端　②右から２番目　③左から２番目

アドバイス

ここに描かれている生きものの名前は、特別な学習をしなくても、おおよそ知っていると思います。ただ、その生き物の足の数、たまごを産むかどうかまでは、積極的に学ぼうとしなければわかりません。小学校受験ではお馴染みの問題です。しかし、これらの知識を修得するには、ただ覚えるだけではなく、知的好奇心を持っているかどうかということも影響してきます。受け身ではなく、自らが学ぶ姿勢を持っているかどうかは、小学校に入学してからも必要になってくる重要な資質です。そうしたところを観るという意味も、本問には含まれていると考えてよいでしょう。興味や関心を持つことは、学習をより深めていく絶好のチャンスです。動物に関心があるならば、動物園に行ったり、図鑑を見せてあげるようにして、お子さまの学ぼうとする意欲を伸ばすようなサポートをしてあげてください。

【おすすめ問題集】
Ｊｒ・ウォッチャー27「理科」、55「理科②」

問題6　分野：迷路

〈準備〉　鉛筆

〈問題〉　犬の所から始めて、犬小屋まで○、×、△、×、♡の順番でマス目を進んでいます。犬が進んだ順に線を書いてください。このときに斜めに進んだり、同じマスを２回通ることはできません。

〈時間〉　１分30秒

〈解答〉　下図参照

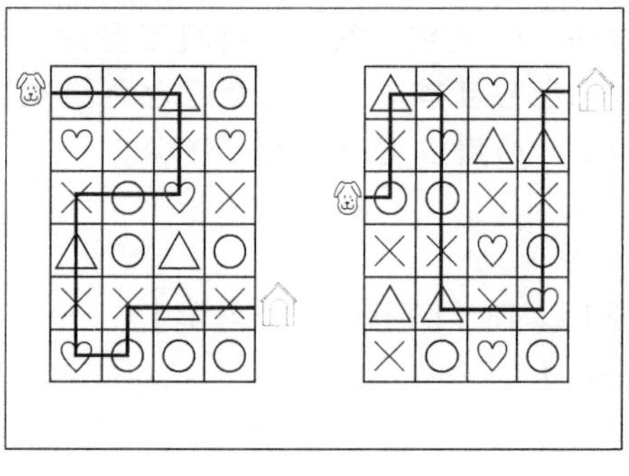

アドバイス

系列と迷路を合わせたような問題です。この問題を解くためには、まず、問題文で読まれるお約束をしっかりと覚えていなければいけません。あとは記号の順番に従ってマスを進めばゴールに辿り着きます。
ただ、こうした問題の注意点としては、線を引きながら、問題を解かないことです。線を引きながら、問題を解いてしまうと、ひっかけの道順の方に線を引いてしまうこともあります。進む道を間違えて、修正後、線を引き直すのは構いませんが、それを繰り返すと解答用紙が汚れてしまい、自分でもどのようになっているかが分からなくなってしまうことがあります。また、訂正が増えて解答用紙が汚れてしまうと、採点者が判別しにくくなり、正解をしていても減点されたり、誤答とされることもありますので、先に引く線をしっかりと決めてから線を引くようにしましょう。

【おすすめ問題集】
　Ｊｒ・ウォッチャー6「系列」、７「迷路」、51「運筆①」、52「運筆②」

問題7　分野：置き換え

〈準備〉　鉛筆

〈問題〉　**この問題の絵は縦に使用してください。**
上の四角の中の絵を見てください。それぞれの絵が記号に変わるお約束が描いてあります。このお約束通り、左側のマス目に書かれている絵と同じ位置に、右側のマス目に記号を書いてください。

〈時間〉　２分

〈解答〉　下図参照

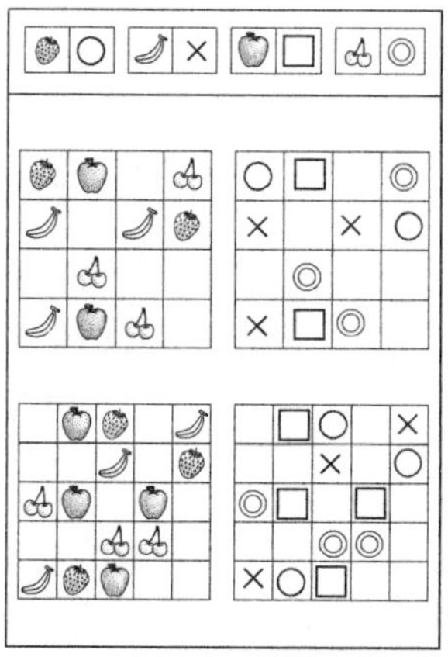

家庭学習のコツ①　「先輩ママたちの声」を読みましょう！

本書冒頭の「先輩ママたちの声」には、実際に試験を経験された方の貴重なお話が掲載されています。対策学習への取り組み方だけでなく、試験場の雰囲気や会場での過ごし方、お子さまの健康管理、家庭学習の方法など、さまざまなことがらについてのアドバイスもあります。先輩ママの体験談、アドバイスに学び、ステップアップを図りましょう！

アドバイス

保護者の方は、お子さまがこの問題をどのように解いているか、しっかりと観察しておいてください。このような置き換えの問題の場合、同じ記号だけを先に書く解き方と、順番に一つずつ解いていく方法があります。このどちらの方法を用いても構いません。お子さまの得意とする方法を用いるようにしてください。ただ、解き方を一つしか知らないよりも、幾通りの解き方を知っていた方が、いざとなった際、困りませんので、複数の解き方を習得しておくことをおすすめします。この問題を順番に解いていったお子さまの場合、問題を横に進めていったでしょうか。縦に進めていったでしょうか。これはどちらを用いても構いませんが、ここで解いた順番（方向）は、数を数える問題と同じ順番だったでしょうか。見る、進める方向を常に一定にしておくことによって、数え忘れや重複して数えること、見忘れなどのイージーミスを防ぐことにも有効ですし、スピードも速くなってきます。このように、小学校受験では、取り組み方などが別の問題にも役立つことが他にもあることを知っておくとよいでしょう。

【おすすめ問題集】

Ｊｒ・ウォッチャー２「座標」、57「置き換え」、51「運筆①」、52「運筆②」

問題８　分野：制作、巧緻性

〈準備〉　画用紙、ハサミ、液体のり、クーピーペン（12色）、
箸、スーパーボール、積み木（一辺が２cmほどの立方体）、
ひも（60cm、２cmを各１本）、トレー、
問題８の絵を太線に沿って切りとり、両端に穴をあけておく

〈問題〉　１①点線の中に入る大きさで、ライオンの顔を画用紙に描いてください。
②王冠を塗ってください。
③ライオンの顔を描いたら画用紙を、点線の大きさに合わせて切り、のりで貼ってください。
④穴の開いているところに、ひも（60cm）を通して、蝶結びをしてください。

２（制作中に呼び出しがあり、下の課題を行う）
箸、スーパーボール、積み木、ひも（２cm）と空のトレーを置いておく。
・箸を使って目の前にあるものをトレーの中に入れてください。

〈時間〉　１：15分　２：５分

〈解答〉　省略

家庭学習のコツ②　「家庭学習ガイド」はママの味方！

問題演習を始める前に、試験の概要をまとめた「家庭学習ガイド（本書カラーページに掲載）」を読みましょう。「家庭学習ガイド」には、応募者数や試験課目の詳細のほか、学習を進める上で重要な情報が掲載されています。それらの情報で入試の傾向をつかみ、学習の方針を立ててから、対策学習を始めてください。

アドバイス

小学校受験の制作で必要な「切る、貼る、塗る、結ぶ」作業がバランスよく必要になってきます。そのため、お面をつくるというシンプルな課題であっても、慣れていないお子さまにとっては難しい作業です。ただ、制作はその出来だけではなく、最後まで一生懸命、取り組んでいるか、集中して行っているかも観点の一つですので、ご家庭で練習をする時から、気を付けましょう。
また、当校の制作は、学校から指定された文房具を各人が持参して試験に臨みます。この時、文房具がすぐに使用できるようになっているか、前日に確認しておきましょう。特に、のりは新品を使用する場合は蓋を開けて、中蓋がついたままになっていないことを確かめましょう。
箸の問題は例年、出題されています。箸が上手く扱えないお子さまは、まずは持ち方を見直しましょう。持ち方が正しければ、掴み辛いものも掴むことができます。加えて、箸を上手く扱えないと進学してから、給食の時間に支障がでることもありますので、しっかりと扱い方を身に付けましょう。

【おすすめ問題集】
実践 ゆびさきトレーニング①・②・③、
Ｊｒ・ウォッチャー23「切る・貼る・塗る」、25「生活巧緻性」

問題9　分野：運動

〈準 備〉　フープ４つ（前後左右に並べておく）、ボール１つ、マット１枚

〈問 題〉　この問題に絵はありません。
これからすることを説明するので、しっかりと聞いてください。
①フープの中に立ち、「始め」の合図で左右に飛ぶ、笛が鳴ったら、前後に飛ぶ。
②ボールを上に投げ、２回手を叩いてからキャッチする。
③手でウサギの耳の形をつくりウサギ跳びで５ｍ進む。
④マットの上をアザラシ歩きで進む。
⑤最初に並んでいた色のコーンのところに戻り、座って待つ。

〈時 間〉　適宜

〈解 答〉　省略

家庭学習のコツ③　効果的な学習方法～問題集を通読する

過去問題集を始めるにあたり、いきなり問題に取り組んではいませんか？　それでは本書を有効活用しているとは言えません。まず、保護者の方が、すべてを一通り読み、当校の傾向、ポイント、問題のアドバイスを頭に入れてください。そうすることにより、保護者の方の指導力がアップします。また、日常生活のさまざまなことから、保護者の方自身が「作問」することができるようになっていきます。

アドバイス

この問題は、技術的なることもなることながら、実際に行う運動テストの順番や注意点をしっかりと覚えていられるでしょうか。そのことばかり考えていると、動作が緩慢になったり、ダラダラした印象を与えてしまうためよくありません。だからといって、言われたことを忘れてしまうのもよくありません。しっかりと指示を記憶し、意欲的に、集中して最後まで取り組みましょう。ここで出題されている内容は、基本的なものばかりで、特別難しいという内容はありません。ただ、女の子の場合、普段からボール遊びなどを積極的に行っている人は少ないことから、ボールを使用した内容が苦手というお子さまは多くみられます。運動に関する内容の多くは、リズムを意識することで上手くいくことがありますので、練習をするときは楽しさを意識した取り組みをおすすめ致します。また、運動テストで一番差がつく内容は待っているときの態度といわれています。実技は終わった後も指示に従って、最後までしっかりと取り組みましょう。

【おすすめ問題集】
新 運動テスト問題集、Ｊｒ・ウォッチャー28「運動」、29「行動観察」

問題10　分野：行動観察

〈準 備〉　なし

〈問 題〉　この問題に絵はありません。
先生が動物の名前を言ったら、その動物の音の数と同じ人数でグループをつくってください。グループができたら、その場で座ってください。
例えば、「ウサギ」と言ったら３人のグループをつくって、その場に座ります。

・ライオン
・フラミンゴなど
（グループ作りを４、５回繰り返す）

〈時 間〉　適宜

〈解 答〉　省略

アドバイス

このような問題を見ると、初動が大切とよく耳にします。確かに大切なことの一つで間違いありません。しかし、このような問題に関していえば、まずは指示をしっかり聞き、理解できているかがポイントになってきます。この問題は音数がグループをつくる指示になります。ですから、発した言葉をしっかり聞いていないと行動に移すことができません。初動を早くするためにも、集中して動物の名前を聞くようにしましょう。次に大切なことは、入試という緊張の場で積極性を求められることでしょう。初対面の人に積極的に話しかけるのが苦手とする人は意外と多くいます。苦手だからと、声をかけられるのを待っているのはよくありません。自分から積極的に行動できるようにしましょう。保護者の方は、お子さま自身が、自信を持てるように意識させてください。この自信は運動でなくても構いません。何かに自信が持てれば、その自信を柱にして、他のことにも波及させることができます。その自信を行動観察に生かしていくとよいでしょう。

【おすすめ問題集】
Ｊｒ・ウォッチャー29「行動観察」

問題11　分野：面接

〈準備〉　なし

〈問題〉　【保護者へ】
・志望動機を教えてください。
・お子さまはどのような子ですか。
・習い事は何をしていますか。
・お子さまのどのような点が学校に合っていますか。
・本校がキリスト教の学校ということをどのように捉えていますか。
・お父様はどのようなお仕事をされていますか。
・お母様はお仕事をされていますか。
・子育てをする上で気を付けていることは何ですか。
・ご家庭で大切にしていることは何ですか。
・やさしい子に育てるために何をしていますか。
・本校に期待することがあれば教えてください。
・お子さまは最寄駅からご自宅まで何分程度でたどり着けますか。

【志願者へ】
・お名前を教えてください。
・幼稚園（保育園）の名前を教えてください。
・何時に寝て、何時に起きていますか。
・おうちでは何をするのが好きですか。それはどうしてですか。
・好きなお花はなんですか。

（問題11の絵を渡す）
・これはどんな絵だと思いますか。
・どの箱を開けたいですか。
・パーティーをしたことはありますか。
・何をお父さんと、お母さんにあげたいですか。

〈時間〉　15分程度

〈解答〉　省略

アドバイス

保護者の方への質問は大きな変化はありませんでした。質問内容を見ても、小学校受験で質問されるオーソドックスなものが並んでいます。特別な対応が必要ということはありませんが、事前に学校の教育方針を理解し、ご自身のご家庭の教育方針を確認しておくと面接の際に、話しやすくなるはずです。
当校では、お子さまへの質問もあり、答え方を身に付けておく必要があります。先生はやさしく話してくれますが、お友だちではないので「～です。～ます。」を付けて話すようにと指導しましょう。また、理由を一緒に述べる必要がある時には「～から、～です。」と話せるようにしておきましょう。話し方はすぐに、身に付くものではありませんから、練習して本番に臨みましょう。

【おすすめ問題集】
新 小学校受験の入試面接Q＆A、家庭で行う面接テスト問題集、
保護者のための面接最強マニュアル、新 口頭試問・個別テスト問題集

2023年度以前の過去問題

問題12　分野：記憶（お話の記憶）

〈準備〉　鉛筆

〈問題〉　お話をよく聞いて、後の質問に答えてください。

今日は、イヌくんと一緒に、畑で野菜を採る日です。目を覚ましたサルくんが空を見ると、雲ひとつないいい天気です。サルくんはワクワクした気持ちになりました。サルくんは、リュックサックを背負うと長靴を履いて、元気に家を出ていきました。畑に向かって歩き始めると、ご近所のネズミさんに会いました。ネズミさんは、「暑いから気を付けてね」と言ってくれました。少し歩くと、クマさんに会い、クッキーを２枚くれました。またしばらく歩き、もらったクッキーを食べようと木陰に入ると、リスさんがベンチに座っていました。リスさんは、これから近くのスーパーへおつかいに行くそうです。リスさんとお別れをして、坂を上っていくと畑に着きました。黒い帽子を被ったイヌくんが先に来て、待っていてくれました。２人は軍手をつけて、早速、野菜を探し始めました。まず、サルくんが、葉っぱを引っこ抜きました。すると、大きくて太い大根が出てきました。しかし、あまりに固くて、食べられそうにありません。次の葉っぱを抜くと、トゲトゲのにんじんが出てきました。これも食べられそうにありません。サルくんが落ち込んでいると、イヌくんがサツマイモをたくさん採ってきてくれました。サルくんも頑張って次の葉っぱを引っこ抜こうとしました。しかし、葉っぱはびくともしません。イヌくんも一緒に引っ張りましたが、なかなか抜けません。「せーの！」と２人が息を合わせて引っ張ると、やっと抜けました。しかし、そのはずみで２人は尻もちをついてしまいました。イヌくんの綺麗な白い毛が、土で茶色になっています。採れたのは、大きな大きなジャガイモでした。サルくんとイヌくんは、採れた野菜を持って帰ろうとしましたが、ジャガイモだけは大きくて持ち上がらないので、手で転がすことにしました。しかし、坂道に入ると、ジャガイモはゴロゴロと転がって行ってしまいました。サルくんは、慌てて追いかけましたが、ジャガイモはどんどんスピードを上げて、なんと池に落ちてしまいました。サルくんとイヌくんはびっくりして、そーっと池を覗き込みました。すると、タコさんが近づいてきて、ジャガイモを拾ってくれました。２人はお礼を言い、タコさんにジャガイモを半分分けて、一緒に食べました。新しいお友達ができ、サルくんはとても喜びました。

（問題12の絵を渡す）

①サツマイモを抜いたのは誰ですか。左上の四角の絵から選んで、○をつけてください。
②イヌくんの毛はもともと何色ですか。左側の真ん中の四角の中に、白だと思う人は○、黒だと思う人は△、茶色だと思う人は×をつけてください。
③サルくんが家を出てから最初に会ったのは誰ですか。左下の四角の絵から選んで、○をつけてください。
④サルくんが家を出てから、３番目に会ったのは誰ですか。右上の四角の絵から選んで、○をつけてください。
⑤固くて食べられなかった野菜は何ですか。右側の真ん中の四角から選んで、○をつけてください。
⑥リスさんがこれから行くところはどこですか。右下の四角の絵から選んで、○をつけてください。

〈時間〉　各20秒

〈解答〉　①右端（イヌ）　②○　③右から２番目（ネズミ）　④左端（リス）
⑤右端（ダイコン）　⑥左端（スーパー）

［2023年度出題］

アドバイス

当校のお話の記憶の特徴として、登場する動物が多いことが挙げられます。登場人物が混乱しないようにするためにも、読み聞かせの量を増やし、聞く力を身につけるようにしましょう。また、保護者の方はお子さまが問題を解いている様子を観察し、記憶できているかの確認をしてください。お話の記憶は、記憶力や理解力だけでなく、集中力、想像力なども求められる問題です。お話の記憶を解く力は、普段の読み聞かせの量に比例します。学習とは別に、日頃から、絵本や昔話などに触れる機会を多く作るようにしてください。読み聞かせの量が増えることで、記憶する力がアップします。読み聞かせは、ただ読んで聞かせるだけでなく、お話はどのような内容だったか、お子さまにいくつか質問をしたり、感想を伝え合ったりすると、内容の理解がさらに深まります。また、保護者の方がお話を読む際は、内容がしっかりとお子さまに伝わるよう、ゆっくりとていねいに読むことを心がけてください。

【おすすめ問題集】

１話５分の読み聞かせお話集①②、 お話の記憶 初級編・中級編、
Ｊｒ・ウォッチャー19「お話の記憶」

問題13　分野：総合（数量、推理）

〈準　備〉　鉛筆

〈問　題〉　問題13－１の絵を見ながら質問に答えてください。
（問題13－２の絵を渡す）

①鳥は何羽いますか。一番上の四角の中に、その数だけ○を書いてください。
②上から２段目を見てください。ヒマワリとチューリップは、どちらがたくさん咲いていますか。多い方の花に○をつけて、その右の四角の中に、咲いている数だけ○を書いてください。
③モンシロチョウとアゲハチョウを合わせると何匹いますか。真ん中の四角の中に、その数だけ○を書いてください。
④リスとクマがお弁当を広げています。リスがおにぎりを３つ食べ、残りは２つです。クマはおにぎりを１つ食べ、残りは３つです。もとの数はどちらの方が多いですか。下から２段目のその動物に○をつけて、右の四角の中におにぎりがあった数だけ○を書いてください。
⑤絵の状態からウサギが２匹カブトムシを捕りました。カブトムシは残り何匹になりますか。その数だけ○を書いてください。

〈時　間〉　各20秒

〈解　答〉　①○：７　②チューリップ・○：９　③○：７　④リス・○：５　⑤○：６

［2023年度出題］

アドバイス

本問は、問題となる絵の情報が多いため、隅々まで確認しなければなりません。問題を解くために、まずは、正しく数を数えられることが必要です。数え間違いは、同じものを重複して数えてしまったり、数え忘れのものがあったりすることで発生しますが、これは数える方向がランダムな時によく見られるミスです。そのような時は、縦でも横（右または左）でも、どちらでもかまいませんので、数える方向を一定にすることで改善できます。この数える方向を常に一定にすることは、数量の問題の基礎となります。また、この方法は、他の分野を解く際にも有効ですから、しっかりと身につけておきましょう。本問で出てくる、「合わせるといくつ」「残りいくつ」は、たし算・ひき算の問題です。練習では、おはじきなどの実物を使って、数の和と差を理解させるようにしましょう。そうすることで、問題を解く際に頭の中でイメージできるようになり、落ち着いて解答を導き出せるでしょう。たし算・ひき算は、今後の勉強の土台になります。今のうちに苦手意識をなくしておきましょう。

【おすすめ問題集】

Ｊｒ・ウォッチャー14「数える」、37「選んで数える」、
38「たし算・ひき算１」、39「たし算・ひき算２」、40「数を分ける」

問題14　分野：言語（しりとり）

〈準 備〉　鉛筆

〈問 題〉　左端の絵から出発して、しりとりをしていきましょう。「？」のところに当てはまる絵を、下の四角の中から選んでください。左の「？」に入る絵には○を、右の「？」に入る絵は□を書いてください。

〈時 間〉　45秒

〈解 答〉　○：スイカ　□：かもめ

［2023年度出題］

アドバイス

しりとり自体は難しいものではなく、下の四角の絵も、知っているものばかりです。解く際は、次のように段階を踏んで考えてみてください。まず、左の「？」は「す」から始まる言葉、右の「？」は「め」で終わる言葉が入ることが分かれば、選択肢が絞られます。あとは、左右の「？」がつながる言葉を探します。このように、分けて考えることで、落ち着いて答えを導き出すことができます。また、２つの答えには、それぞれ解答の記号が指定されていますが、正しい記号をつけることはできたでしょうか。せっかく選択肢が合っていても、解答記号が間違っていると減点されてしまいます。問題を解き慣れていると、絵を見ただけで、頭の中で解き始めるお子さまもいますが、これはかなり危険です。問題が読まれている時は、最後まで集中して聞く習慣をつけましょう。また、しりとりは、日常生活の遊びの一環として取り入れましょう。ペーパー対策で行き詰まった時など、気分転換にしりとりをしながら外を散歩してみてはいかがですか。その際は、実際に外で観察できるものを含めるようにしてください。そうすることで、自然と言葉の世界に興味を持つことができます。ぜひ、試してみてください。

【おすすめ問題集】

Ｊｒ・ウォッチャー17「言葉の音遊び」、18「いろいろな言葉」、
49「しりとり」、60「言葉の音（おん）」

問題15　分野：言語（いろいろな言葉）

〈準備〉　鉛筆

〈問題〉　①左上の段を見てください。絵の中で、「かざぐるま」と同じ５文字のものに○をつけてください。
②左側の真ん中の段を見てください。絵の中で、「コロッケ」と同じ４文字のものに○をつけてください。
③左下の段を見てください。最後に「く」がつくものに○をつけてください。
④右上の段を見てください。最後に「め」がつくものに△をつけてください。
⑤右側の真ん中の段を見てください。最後に「ら」がつくものに×をつけてください。
⑥右下の段を見てください。最後に「ま」がつくものに□をつけてください。

〈時間〉　各20秒

〈解答〉　①左端（カタツムリ）　②右端（カマキリ）　③右端（キク）
④左から２番目（ツバメ）　⑤左端（コアラ）　⑥右から２番目（だるま）

[2023年度出題]

アドバイス

絵に出てきたものは、すべて知っているでしょうか。本問で出題されている絵は、入試では頻出のものばかりですから、しっかりと覚えておきましょう。語彙力をアップさせるには、単に新しい言葉を覚えさせるのではなく、実物を見せ、そのものの特性などを一緒に教えてください。野菜の名前であれば、スーパーに行って実物を見せ、切ると中はどうなっているのか、どのようにして育てるのか、どのような料理に使われるのかなどを説明してあげると、新しい語彙だけでなく、紐付いている情報も学ぶことができます。実物を見せるのが難しい場合は、図鑑やインターネットの画像でも構いません。一度の機会を最大限に活かして、知識を増やすようにしてください。また、すでに知っている言葉でも、コロナ禍により実際に見ることができなかったものは、行動制限が緩和された今、実物を見に行く機会を与えてあげるとよいでしょう。身についている知識をより深めることができます。

【おすすめ問題集】
Ｊｒ・ウォッチャー17「言葉の音遊び」、18「いろいろな言葉」、
60「言葉の音（おん）」

問題16　分野：常識

〈準備〉　鉛筆

〈問題〉　①上の段を見てください。木になるものに○をつけてください。
②下の段を見てください。『かぐや姫』に出てくるものに○をつけてください。

〈時間〉　各10秒

〈解答〉　①右端（もも）　②右から２番目（満月）

[2023年度出題]

アドバイス

①で出てくる絵は、すべてスーパーなどで売られているものです。できれば、ふだん食べているものが、どのようにして育って食材になるのか、実際に畑に行ったり、図鑑などで調べたりして見ておいたほうがよいでしょう。そうすることで、持っている知識を深めることができます。また、②は昔話の問題です。選択肢は左から、『おむすびころりん』『花咲かじいさん』『かぐや姫』『かちかち山』ですが、お子さまは、すべて知っていたでしょうか。また、お話に出てくる動物やあらすじなどをきちんと言えたでしょうか。お話の題名は知っていても、内容は分からないというお子さまはかなりいらっしゃいます。その多くは、試験対策として題名と代表的な絵を見せて記憶させる学習をしています。そのような対策はお勧めできません。しっかりと読み聞かせをして内容の把握まで行ってください。また、読み聞かせをする際は、あらすじが正しい本を選んでください。近年、あらすじが残酷なことで、内容を変更している本が増えています。そのような内容の本は、試験対策には向きません。残酷な内容にはそれなりの意味があります。著者の伝えたいことを汲み取り、正しい情報を与えるようにしましょう。

【おすすめ問題集】

Ｊｒ・ウォッチャー12「日常生活」、27「理科」、55「理科②」

問題17　分野：図形（回転図形）

〈準備〉　鉛筆

〈問題〉　左側のお手本を、矢印の方向に矢印の数だけ回すとどうなりますか。右側の絵の中から選んで○をつけてください。

〈時間〉　各20秒

〈解答〉　①右から２番目　②左から２番目　③右端　④左から２番目

［2023年度出題］

アドバイス

この問題のポイントは、１番上の問題です。この問題は確実に理解しなければならない問題となっています。その理由ですが、まず、矢印が２つあることで、２回転することがわかっているか。次に、回転すると位置関係がどのように変わっていくか。そのうえで、斜めの線がどう変わるか。この３つ全てを理解している必要があります。さらに、シンプルな状態で理解できていないと、他の問題を解くことはできません。そのことから、１番上の問題はしっかりと理解したい問題といえるでしょう。斜め線がどのように変わるかを把握できれば、三角形の向きなどもおのずとわかってきます。それぞれの形を理解させると、お子さまの頭の中は混乱してしまうと思いますが、このように線がどう変わるかを把握させることで、三角形などの斜め線を含んだ形の変化にも対応することができます。また、このような問題の場合、クリアファイルなどを使用し、お子さま自身で答え合わせをさせることで、さらに理解度は上がってきます。

【おすすめ問題集】

Ｊｒ・ウォッチャー46「回転図形」、分野別　苦手克服問題集　図形編

問題18　分野：推理（ブラックボックス）

〈準備〉　鉛筆

〈問題〉　上の四角を見てください。クマに出会うと持っていたものの色が変わります。ネズミに出会うと、持っていたものの数が３つ増えます。では、この通りにそれぞれの動物に出会ったら、持っていたものはどうなりますか。四角の中に書いてください。

〈時間〉　１分15秒

〈解答〉　下図参照

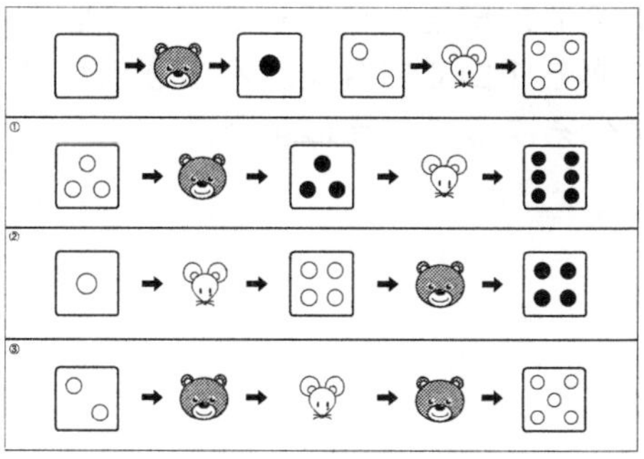

［2023年度出題］

アドバイス

ブラックボックスの問題ですが、単に数の増減だけでなく、色の変化も加わっており、珍しい形式の出題と言えるでしょう。だからといって、難易度が特に高いというわけではありません。一つひとつの変化を確実に理解することで、問題を解くことができます、この問題のお約束は、クマは数が同じで色が変化する。ネズミは色が同じで数が増える。となっています。ですから、問題を解く際、ネズミはネズミだけ、クマはクマだけと別に考えて解くことも可能です。処理スピードとしてはこちらの方が早いですが、普通に順番通り解いていっても問題はありません。お子さまが得意とする解き方で取り組んでください。子どもは、初めての問題に直面すると「難しい」と感じます。これは特別なことではなく、ごく自然なことです。入試の時にそうならないためにも、さまざまな出題形式の問題に触れておくことが大切です。

【おすすめ問題集】
　Ｊｒ・ウォッチャー32「ブラックボックス」

問題19　分野：迷路

〈準備〉　鉛筆

〈問題〉　上の四角の中のお約束を見てください。★のところからお約束の通りにたどっていくと、どの図形にたどり着きますか。選んで○をつけてください。

〈時間〉　30秒

〈解答〉　□

［2023年度出題］

アドバイス

この問題のポイントは、ゴールがわからないところにあります。ゴールが示されていると、どこに向かって進めばよいのかわかるため解答しやすくなります。この問題のように、ゴールが示されない問題は、近年、他校でも出題が増えています。この背景として、物事を深く考えることができるか、集中力があるかなど、問題を解く知識よりも、問題を解くための力を観るようになっていることが挙げられます。近年、コロナ禍の生活の影響からか、集中力や物事を深く考えることが苦手なお子さまが増えています。この状況は入学後の授業を受けることに直結します。私学の授業はスピードも早く、学ぶ内容も多いことから、集中力がないとついていけなくなります。出題されている問題を俯瞰してみてください。問題全体にちりばめられている観点、要素、解くための力がわかると思いますが、個の全体を当校が求めているものと捉えて対策をとってください。学習は点ではなく面であり、立体になります。また、学ぶ要素も１つではなく、さまざまなことに関連します。生活体験を大切にしつつ、能動的に学べるようにしましょう。

【おすすめ問題集】

Ｊｒ・ウォッチャー７「迷路」

問題20　分野：制作、巧緻性

〈準　備〉　紙、ハサミ、液体のり、クーピーペン（12色）、画用紙、ビーズ６つ、ストロー１本

〈問　題〉　１（問題20－１、20－２の絵を渡す）

①紙に描かれてある、レタス、目玉焼き、トマト、ソーセージ、ブロッコリー、サケをクーピーペンで自由に色を塗ってください。

②レタス２枚は手でちぎり、それ以外はハサミで切り取ってください。

③お弁当箱の〇の位置にのりで貼ります。のりは薄くつけてください。ベタっとつけてはいけません。

２（問題20－３の絵を渡す）

この問題は絵を参考にして下さい。

絵の通り、ストローにビーズを通してください。

〈時　間〉　１：10分　２：５分

〈解　答〉　省略

［2023年度出題］

アドバイス

まず、色を塗る際、実物を思い出してから塗るようにしましょう。色の指定がないからといって、実物を違う色で塗るのは、出来上がった時に美味しそうには見えません。毎日の食事、料理のお手伝い、買い物などを活用して、食材などにも意識を向けるようにしましょう。巧緻性の問題では、さまざまな文房具を使用します。特に文房具を使用するときは、使用方法などもチェックはされています。特に刃物の扱いには注意が必要で、大きく誤った使用をすると不合格もあり得ますので注意しましょう。別の文房具では、のりの使用で差が付くこともあります。これは、適量であるかどうかという点です。のりを多くつけすぎると、貼り付けた際、のりがはみ出して、他のものとくっついてしまいます。このように、巧緻性の問題の場合、これが出来ればというものはなく、全体を通してきちんとできているかどうかになってきます。また、厄介なことに、巧緻性の力は一朝一夕には身につきません。学習とは別に色々なものを作り、コツコツと続けることで、少しずつ力が付いてきます。

【おすすめ問題集】

実践 ゆびさきトレーニング①・②・③、
Ｊｒ・ウォッチャー23「切る・貼る・塗る」、25「生活巧緻性」

問題21　分野：サーキット運動

〈準備〉　フープ、ビニールテープ、縄跳び、
カゴ（テープから２mほど離れたところ）、ボール

〈問題〉　【サーキット運動】
この問題は絵を参考にして下さい。
２人ずつで競走します。
①フープのところまでスキップしてください。
②縄跳びを10回してください。
③ゴールまで走ってください。

【玉入れ】
この問題の絵はありません。
カゴに向けて、ボールを２つ投げてください。

〈時間〉　適宜

〈解答〉　省略

［2023年度出題］

アドバイス

例年頻出であるなわとびが2023年度も出題されましたが、他は、2022年度までに比べると、かなりシンプルな種目になっています。対策として、なわとびは練習しておいたほうがよいですが、本番で失敗してしまっても大きな減点にはならないでしょう。大切なことは、指示が最後まで聞けているか、聞いている時の態度はどうか、粘り強く取り組んでいるか、意欲的に行っているか、という点です。苦手な種目は、練習でも失敗することが多いため、どうしてもお子さまのやる気が失われがちですが、その際は途中で口出しをしたり、できないことに怒ったりせず、前向きな言葉をかけてあげるようにしましょう。そうすることで、だんだんとお子さま自身でモチベーションが維持できるようになります。また、意外と見落としがちなのが、指示を聞いている時の態度と、自分の順番を待っている時の態度です。お子さまは、運動を行う時に注力すると思いますので、その他の時間もだらけないよう、練習の段階から保護者の方がアドバイスをするようにしてください。

【おすすめ問題集】

新 運動テスト問題集、Ｊｒ・ウォッチャー28「運動」

問題22　分野：保護者・志願者面接

〈準 備〉　問題22の絵は、志願者の質問の途中で渡す。

〈問 題〉　【保護者へ】
・お子さまの普段の様子を教えてください。
・ご家庭の教育方針を教えてください。
・アレルギーはありますか。
・本校のよいところは何だと思いますか。
・お父様はどのようなお仕事をされていますか。
・お母様はお仕事をされていますか。
・子育てをする上で気を付けていることは何ですか。
・ご家庭で大切にしていることは何ですか。
・週末はどのようにして過ごされていますか。
・本校に期待することがあれば教えてください。
・お子さまとは普段どれくらいの時間を過ごしていますか。

【志願者へ】
・幼稚園（保育園）の名前を教えてください。
・幼稚園（保育園）では何をして遊んでいますか。
・何時に寝て、何時に起きていますか。
・おうちでは何をするのが好きですか。それはどうしてですか。
・きょうだいはいますか。名前は何ですか。
（きょうだいがいる場合）
・きょうだいと何をして遊びますか。

（問題22の絵を渡す）
・女の子はなぜ困った顔をしているのですか。
・店員さんはなぜ困った顔をしているのですか。
・男の子はなぜ泣いているのですか。
・このような場所にお母さんと行きますか。
・スーパーで買ったもので、お母さんに何を作ってもらうのが好きですか。
・普段お手伝いはしますか。

〈時 間〉　15分程度

〈解 答〉　省略

［2023年度出題］

アドバイス

2023年度の保護者への面接は、回答者が指定されたのではなく、保護者の方に質問をし、どちらが回答するかは、回答者側が決めるという流れでした。このような質問の場合、あらかじめ、内容によって回答者を決めておくとよいでしょう。コロナ禍になってから、家庭の躾について、お子さまとの過ごし方などの質問が多くされています。この背景には、コロナ禍になり、お子さまの成長に保護者の方の考え、躾感がより大きく影響していることが挙げられます。しかし、面接だからといって、特別に構えることはありません。面接用の回答を用意するのではなく、普段していることを面接で話せばよいです。普段していること、考えておられることを自信もって、堂々と回答してください。面接は回答した内容だけを観ているのではなく、回答した内容に背景があるかも観ています。つまり、面接用に用意した内容か否かは直ぐに見破られるということです。ですから、考えて回答をするのではなく、普段していることを回答するということになります。詳しい面接の対策は、弊社発行の「面接テスト問題集」並びに、「面接最強マニュアル」に記載しておりますアドバイスを熟読してください。

【おすすめ問題集】

新 小学校受験の入試面接Ｑ＆Ａ、家庭で行う面接テスト問題集、
保護者のための面接最強マニュアル、Ｊｒ・ウォッチャー56「マナーとルール」

問題23　分野：お話の記憶

〈準備〉　鉛筆

〈問題〉　お話をよく聞いて、後の質問に答えてください。

まいこさんと弟のるいくんは、お父さんと山へキノコ狩りに行くことになりました。キノコ狩りは朝早くに家を出ます。でも、まいこさんとるいくんは、キノコ狩りが嬉しくて夜遅くまで起きていました。キノコ狩りへ行く日、まいこさんとるいくんは、少し寝坊してしまい、慌てて支度をしました。まいこさんは、お弁当をリュックに入れて、リボンのついた帽子をかぶりました。るいくんは、玄関で長靴をはきました。お父さんはもう車に乗っていて、「早くしなさい。出発するよ」と大きな声で、まいこさんとるいくんを呼びました。まいこさんは急いでリュックを背負い、るいくんは首にバンダナを巻いて、車に乗りました。朝早いので、外はまだ真っ暗です。車に乗ると、まいこさんとるいくんは、すぐに眠ってしまいました。「まいこ、るい、着いたよ」お父さんの声で目を覚ますと、広い田んぼが見えました。３人は車を降りて、山道を登り始めました。登りながらキノコを探しましたが、キノコは見つかりません。まいこさんとるいくんは「ぜんぜんないよ」とがっかりしてお父さんに言いましたが、お父さんは、「まだまだ」と言いながら、さらに上に登っていきました。そして、木と木の間をどんどん歩いていくと、お父さんが立ち止まって、「ほら、ここを見てごらん」と、まいこさんとるいくんを呼びました。手で落ち葉をかき分けると、その下にキノコがありました。「あ！あった！」まいこさんは嬉しくて、近くの落ち葉をどんどんかき分け、キノコをたくさん見つけました。キノコを探しながらそのまま森の奥に進むと、話し声が聞こえてきました。話し声の方に行くと、少し広い場所で、ウサギさんと、キツネくんと、タヌキくんと、リスさんがお話ししていました。ウサギさんが「みんなでキノコのスープを作りましょう。私はキノコを集めてくるわ」と言いました。するとキツネくんが「僕はサツマイモを持ってくるよ」と言いました。タヌキくんは、「じゃあ、僕は、ブロッコリーとニンジンを用意するね」と言いました。リスさんは、「私は家から大きなお鍋を持ってくるね」と言いました。楽しそうにお話をする動物たちを見て、まいこさんは、思い切って「ねえ、私のキノコも食べて」と話しかけて、近くの木の切り株に、採ったキノコの半分を置きました。動物たちは驚いていましたが、とても嬉しそうに、「ありがとう」と言いました。その時、お父さんとるいくんの「そろそろ帰ろう」と呼ぶ声が聞こえました。まいこさんと動物たちは手を振ってお別れをしました。そして、まいこさんはお父さんとるいくんの待つ方に走っていきました。

（問題23の絵を見せる）
①まいこさんの帽子は、どれですか。○をつけてください。
②るいくんがはいたのは、どれですか。○をつけてください。
③車から見えたのは、どんな景色ですか。○をつけてください。
④まいこさんはどこでキノコを見つけましたか。○をつけてください。
⑤お話に出てこなかった動物は、どれですか。○をつけてください。
⑥「お鍋を持ってくるね」と言ったのは、誰ですか。○をつけてください。
⑦キノコのスープに入れなかったものは、どれですか。○をつけてください。
⑧このお話の季節に○をつけてください。

〈時間〉　各15秒

〈解答〉　①右端（リボンのついた帽子）　②左端（長靴）
③左から２番目（広い田んぼ）　④右から２番目（落ち葉の下）
⑤右から２番目（サル）　⑥左端（リス）
⑦左から２番目（タマネギ）　⑧右から２番目（秋、お月見）

［2022年度出題］

アドバイス

かなり久しぶりに、「お話の記憶」という形で独立して出題されました。お話の分量としては長めですが、お話自体はシンプルで、流れがつかみやすい内容です。問われている内容も基礎的なものばかりでしょう。しかし、当校の「お話の記憶」は問題数が多いため、押さえておくべきポイントが多く、お子さまは最初難しく感じるかもしれません。練習では、最初は、問題数を減らしたり、途中で区切りながらお話を聞いたりするなど、お子さまに合わせて対応するとよいでしょう。お話の記憶で１番大切なことは、集中して「聞く」ことになります。そのためには読み聞かせを毎日行うことをおすすめいたします。

【おすすめ問題集】

１話５分の読み聞かせお話集①・②、お話の記憶 初級編・中級編、
Ｊｒ・ウォッチャー19「お話の記憶」

問題24　分野：総合（数量、推理）

〈準備〉　鉛筆

〈問題〉　問題24－１の絵を見ながら質問に答えてください。
（問題24－２の絵を渡す）

①ちょうちんはいくつありますか。その数だけ○を書いてください。
②リンゴアメの屋台とワタアメの屋台があります。リンゴアメとワタアメを合わせると、全部でいくつありますか。その数だけ○を書いてください。
③ウサギさんとネズミさんとクマさんが、それぞれ１本ずつうちわを買いました。屋台にうちわはいくつ残りますか。その数だけ○を書いてください。
④色のついた花と、白い花は、どちらがたくさん咲いているでしょうか。その花に○をつけて、右の四角の中に多く咲いている数の分だけ○を書いてください。
⑤動物たちが、台の上で盆踊りをしています。この後、６匹来て、３匹帰りました。最後に台の上にいる動物は何匹ですか。その数だけ○を書いてください。

〈時間〉　各20秒

〈解答〉　①○：６　②○：９　③○：４　④色のついた花、○：３　⑤○：８

［2022年度出題］

アドバイス

当校の数量問題は、例年、総合問題として、１枚の絵の中の情報を問う問題が出題されます。絵の中は情報量が多いので、問題をよく聞いて、今何について質問されているのか、何に着目しなければならないかを、頭の中で切り替えていかなければなりません。また、数量問題は、単純に「数える」だけのものから、「たし算・ひき算」「数を分ける」など、考え方が多岐に及ぶため、幅広く学習しておかなければ、スムーズに答えるのが難しいでしょう。しかし、数量問題のすべての基本は、１つひとつしっかり数えることです。なんとなく絵を見たり、ランダムに数えていくのでは、ミスが生じてしまいますので、お子さま自身、数え方を工夫し、自分のやり方をつかむことです。また、アドバイスも必要です。一定の方向で数えていく方法は、間違いを最小限に抑えられます。

【おすすめ問題集】

Ｊｒ・ウォッチャー14「数える」、37「選んで数える」、
38「たし算・ひき算１」、39「たし算・ひき算２」、40「数を分ける」

問題25　分野：数量（積み木）

〈準備〉　鉛筆

〈問題〉　積み木は全部でいくつありますか。その数だけ右の四角に○を書いてください。

〈時間〉　各20秒

〈解答〉　①○：４　②○：６　③○：７　④○：５　⑤○：６　⑥○：７
⑦○：６　⑧○：８

［2022年度出題］

アドバイス

積み木の基本的な問題ですので、全問正解してほしい問題の１つです。最初から順番に数えていくのも解き方の１つですが、よく見ると、すべての積み木が見えているものがあります。このように、見て確実にわかるものから解答することで、時間的な余裕が生まれ、他の問題もしっかり数えることができるでしょう。積み木の問題を学習するときは、答え合わせをする際に、実際にお子さまが組み立て、自身の目で確認することをおすすめします。隠れている積み木の、どこを見落としたかがお子さま自身で把握できるからです。慣れてきたら、平面の絵を、頭の中で立体と捉えて解答できるようになるでしょう。

【おすすめ問題集】

Ｊｒ・ウォッチャー16「積み木」、53「四方からの観察　積み木編」

問題26　分野：言語（ことばづくり）

〈準　備〉　鉛筆

〈問　題〉　ことばの初めの音を使って、ものの名前を作ります。上の四角の絵の名前を作るのに必要なものに、○をつけてください。

〈時　間〉　各20秒

〈解　答〉　下図参照

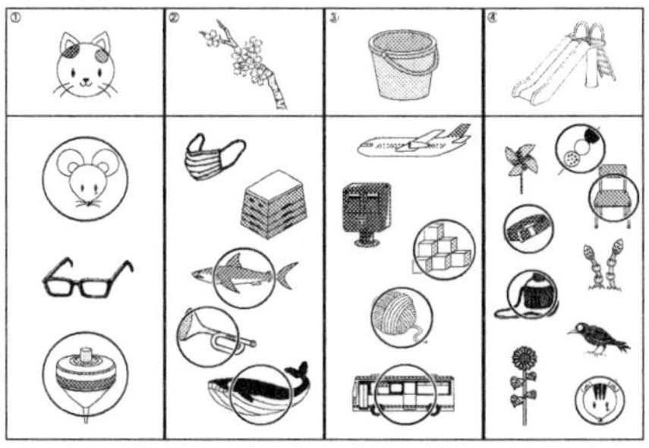

［2022年度出題］

アドバイス

当校では頻出の問題となっており、難易度は高くありません。小学校受験の勉強をしていると、出題形式のパターンを覚えてしまい、問題をよく聞かずに取り掛かってしまう場合があります。最後まできちんと聞いてから取り掛からないと、間違えた対応になってしまうことがあります。そのようなことになると、分かっているのに間違いとなるので、気を付けましょう。この問題は、語彙に関する問題です。同頭語、同尾語、条件しりとりなど言語に関する問題は多岐に渡ります。しかし、そのすべては語彙力が関係することからも分かると思いますが、言葉、ものの名前などは大切ですから、しっかりと身につけておきましょう。

【おすすめ問題集】

Ｊｒ・ウォッチャー17「言葉の音遊び」、60「言葉の音（おん）」

問題27　分野：言語（しりとり）

〈準 備〉　鉛筆

〈問 題〉　**この問題の絵は縦に使用してください。**
絵をしりとりでつなげると、全部つなげるには一つ足りません。足りないものを下の四角から選んで○をつけてください。

〈時 間〉　各30秒

〈解 答〉　下図参照

［2022年度出題］

アドバイス

しりとりの問題は頻出ですが、頭から絵をつなげていくものや、最後の絵が決まっているものなど、出題パターンはさまざまです。本問は、しりとりでつなげる上で足りないものを探す問題ですので、難易度はやや高めかと思います。また、特に法則があるわけではないので、１つひとつつなげていかなければなりません。効率的に解くためには、たくさんの語彙を知っていること、絵が何を指しているかを正確に理解することが何よりも大切になってきます。語彙力アップのためには、お子さまとの会話や読み聞かせを通して、意図的に新しい言葉を使ったり、一緒に確認したりしていくとよいでしょう。言葉はほかの学習にも大きく関わってくる大切なものですので、身に付けられるように工夫してみてください。

【おすすめ問題集】
Ｊｒ・ウォッチャー17「言葉の音遊び」、18「いろいろな言葉」、49「しりとり」、60「言葉の音（おん）」

問題28　分野：常識（理科、季節）

〈準備〉　鉛筆

〈問題〉　①春のものはどれですか。○をつけてください。
②夏のものはどれですか。○をつけてください。
③クリスマスの次の月に飾るものはどれですか。○をつけてください。
④とけないものはどれですか。○をつけてください。
⑤飛ぶものはどれですか。○をつけてください。
⑥海の中にいる生き物はどれですか。○をつけてください。
⑦夏によく見る雲はどれですか。○をつけてください。
⑧トンボの羽はどれですか。○をつけてください。

〈時間〉　各15秒

〈解答〉　下図参照

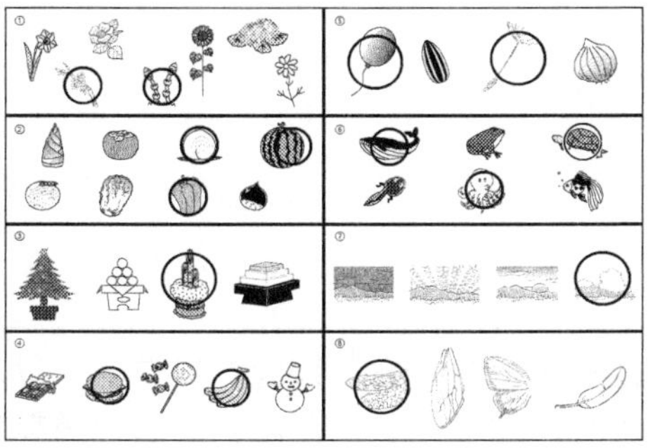

［2022年度出題］

アドバイス

常識の問題ですが、「季節」「行事」「言語」「理科」と幅広い分野から出題されているため、1問1問頭を切り替えて解答するのが大変だと思います。しかし、問題自体は、小学校受験の定番のものばかりですので、落ち着いて取り組めば問題はないと思います。昨今の温暖化で花や野菜の旬がズレたり、コロナ禍で年中行事が体験できなかったりして、実体験から季節を感じ取ることが難しくなってきています。とはいえ、小学校受験では季節や行事を問う問題が頻出ですので、保護者の方は、本やテレビを通してでもよいので、意識して季節に触れさせるようにしましょう。その際に、関連したものも一緒に学ぶと、記憶の定着にもつながり、知識もより深まるでしょう。

【おすすめ問題集】

Ｊｒ・ウォッチャー12「日常生活」、27「理科」、34「季節」、55「理科②」

問題29　分野：常識（理科）

〈準備〉　鉛筆

〈問題〉　上の段の花と下の段の葉が正しい組み合わせになるように、線で結んでください。

〈時間〉　30秒

〈解答〉　下図参照

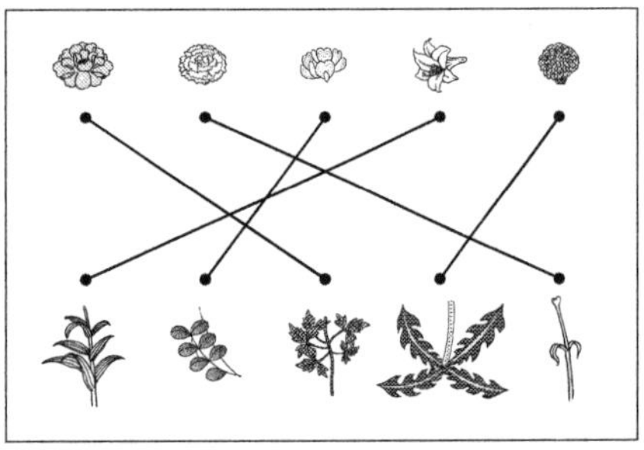

［2022年度出題］

アドバイス

理科の常識の問題で、左から、ボタン、カーネーション、レンゲソウ、ユリ、タンポポです。花と葉を組み合わせる問題ですが、ふだん花を見るときに、葉まで意識して観察することは少ないと思います。さらに、この問題では、お子さまにとって身近にない花も多く出題されたため、難しいと感じる人もいるかもしれません。この問題は、知識と観察力が問われている問題といえるでしょう。図鑑やインターネットを通して学ぶことが多いとは思いますが、機会があれば、ぜひお子さまと実際の花を見てみてください。実物に触れることで、より興味が深くなり、得た知識も定着しやすいでしょう。当校の理科の問題では、時折、難問が出題されることがあります。そのため、小学校受験で頻出の問題は確実に正答しなければなりません。その上で難問にも対応できるように、普段から興味関心を広げ、単純な知識だけでなく、さまざまな角度から観察し、幅広い知識を身に付けていくようにしましょう。類題として、花と種という組み合わせもあります。花と葉はオーソドックスな出題ですが、他の組み合わせもしっかりと把握しておきましょう。

【おすすめ問題集】

Ｊｒ・ウォッチャー27「理科」、55「理科②」

問題30　分野：推理（シーソー）

〈準備〉　鉛筆

〈問題〉　右の部屋のシーソーを見て、左の部屋の１番重いものに○を、１番軽いものに×をつけてください。

〈時間〉　１分

〈解答〉　下図参照

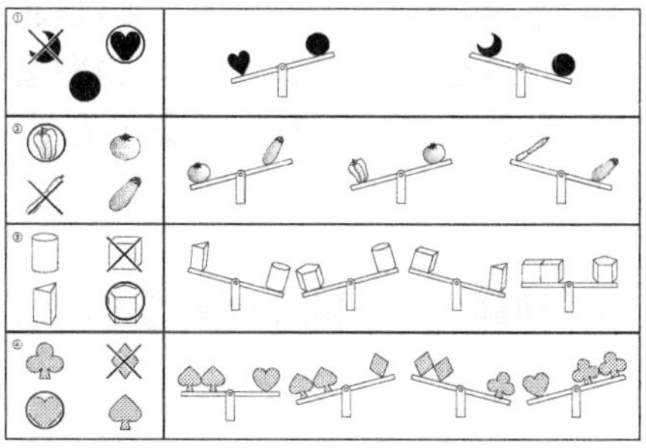

［2022年度出題］

アドバイス

シーソーの問題の中では定番の問題ですが、複数のものが乗っていたり、釣り合っているものがあったりと、難易度が高い問題となっています。１問１問をゆっくり考えている時間はありませんから、まずは、シーソーの基本である、重たい方が下がり、軽い方が上がるということが理解できていなければなりません。この原理がわかれば、一度も下がっていないものが１番軽いもので、一度も上がっていないものが１番重いものだとわかるので、すぐに解けるのではないでしょうか。ただし、これは、この問題のみに使える解き方です。もう少し複雑なシーソーの問題になると、「２番目に重いもの」を問われたり、「軽い（重い）順に並べる」という指示が出たりすることもあります。練習では、重さの順にならべて、もう少し広げて学習するとよいでしょう。

【おすすめ問題集】

Ｊｒ・ウォッチャー15「比較」、33「シーソー」

問題31　分野：図形（欠所補完）

〈準備〉　鉛筆

〈問題〉　上の絵と同じ絵になるように、下の絵の足りないところに線を書いてください。

〈時間〉　各30秒

〈解答〉　省略

［2022年度出題］

アドバイス

欠所補完の問題では、通常、欠けているところはどんな形かを問う問題が多いです。しかし、本問では、お手本の絵と同じになるように、線を足していく問題です。問題をよく聞いていなければ、やり残してしまったり、どう書いてよいのかわからなかったりすると思いますので、まずは問題をよく聞き、理解してから解答しましょう。どこが違うかを見つけ、そこに線を書き足していくには、観察力が必要となります。また、書き足していくためには、運筆の練習も必要です。自信を持って解答できているかどうかは、書き足した線の強弱ではっきりわかると思いますので、もし自信なさげに解答しているようであれば、「足りないところを見つける」「書き足す」の２つを分けて、一つずつ練習していく方法を試みてください。慣れてきたら、時間をはかってチャレンジしてみるとよいでしょう。

【おすすめ問題集】

Ｊｒ・ウォッチャー４「同図形探し」、51「運筆①」、52「運筆②」、59「欠所補完」

問題32　分野：巧緻性

〈準備〉　クーピーペン（12色）、ハサミ、ビニール袋、液体のり、線が書かれた紙（B5、水色・ピンク各１枚）、箸

〈問題〉　【制作】

１①汽車の絵に色を塗りましょう。好きな色を使っていいですが、黄、緑、赤は必ず使ってください。

②塗り終わったら、ハサミで汽車のまわりの線の真ん中を切り、汽車を切り取ってください。

③ビニール袋にクーピーペンとハサミをしまってください。汽車の紙と、切ったゴミは、小さく畳んで、机の引き出しに入れてください。

２ この問題は絵を参考にしてください。

①水色の紙とピンクの紙の線のところをハサミで切ってください。

②水色とピンクの２色が交互になるように、①で切ったものの端と端をのりでとめて輪をつないでください。

③終わったら、ビニール袋に、液体のりをしまってください。つないだ輪は、机の横にかけてください。

この問題の絵はありません。

【箸使い】

先生がお手本を見せます。同じように箸を動かしてください。（開いたり閉じたりする）

〈時間〉　適宜

〈解答〉　省略

［2022年度出題］

アドバイス

例年通りの、制作＋生活巧緻性の問題です。難しい課題ではありませんが、行うべき作業が多く、指示が複数あるので、しっかり問題を聞いて取り組んでください。特に制作では、完成すると安心してしまい気が抜けてしまうと思いますが、片付けの仕方まで指示されています。最後まで指示通り行動するよう、集中して取り組ませてください。出来不出来ではなく、指示がしっかり聞けているか、指示通りに行動できているかが観られています。多少はみ出して塗ったり、時間内で輪つなぎが全部できなくても、大きくマイナス評価にはなりません。何よりもまず、先生の指示をしっかり聞くこと、そして道具の使い方も大切です。生活巧緻性では、例年通り箸使いでしたが、今年度は先生の模倣で箸を動かすにとどまりました。箸の持ち方やスムーズな動かし方は、一朝一夕の練習では身につきません。普段の生活から意識して練習に取り組むようにしましょう。

【おすすめ問題集】

実践 ゆびさきトレーニング①・②・③、

Ｊｒ・ウォッチャー23「切る・貼る・塗る」、25「生活巧緻性」

問題33　分野：運動

〈準 備〉　なわとび、フープ、平均台、マット

〈問 題〉　この問題の絵はありません。

【なわとび】

「やめ」と言うまで、なわとびをしてください。

【サーキット運動】

この問題は絵を参考にしてください。

この問題の絵は縦に使用してください。

①先生からボールをもらって、ケンケンパーでフープを順番に跳んでください。

②□の中でボールつきを10回したら、かごにボールを入れてください。

③マットの上で、でんぐり返しをしてください。

④アザラシ歩きでマットの端まで進んでください。

⑤コーンをジグザグにスキップしてゴールまで進んでください。

〈時 間〉　【なわとび】20秒程度　【サーキット運動】適宜

〈解 答〉　省略

［2022年度出題］

アドバイス

運動の課題では、なわとび、サーキット運動と、大きく２つの課題が出されました。中でもサーキット運動は、連続で「ケンパーをする」「ボールをつく」「でんぐり返し」「アザラシ歩き」「スキップ」といくつもの課題をこなさなければならないので大変です。しかし、すべてをこなせなくても、大きなマイナス評価になることはないでしょう。運動の課題では、「指示の理解」が大切なポイントであるため、指示内容を理解し、行動に移せるかが評価につながります。また、積極的な姿勢を見せ、諦めずに取り組む姿勢が見せられれば、さらによい評価につながるでしょう。できる・できないに着目しがちですが、指示が的確に聞け、積極的に取り組めるかが評価されます。待つ間の行動にも注意が必要です。よほどのことがない限り致命的な評価にはなりませんので、保護者の方は、お子さまに、「先生の言うことをよく聞いて、一生懸命やりましょう」とアドバイスをしてあげるとよいでしょう。

【おすすめ問題集】

新 運動テスト問題集、Ｊｒ・ウォッチャー28「運動」

問題34　分野：行動観察

〈準 備〉 ボール、絵の描いてある紙（運動会・節分・遊園地・カエルがお絵描きしている絵・ウサギがゴハンを食べている絵など）折り紙、輪投げ、フラフープ、絵本

〈問 題〉 この問題の絵はありません。

【グループ課題】

（４～６名のグループで行う）

①全員一列に並んでください。前から後ろに、頭の上からボールを送ってください。後ろまでいったら、後ろの人から、股下を通して、前にボールを送ってください。

②今から先生が紙を見せます。描いてあるものを、声に出さないで、体で表現しましょう。どのように表現するかをグループで話し合ってから、みんなに見せてください。当たったら、次のグループと交代してください。

【自由遊び】

「折り紙」「輪投げ」「フラフープ」があります。好きな場所で遊んでください。

【絵本の読み聞かせ】

先生が絵本を読みます。体育座りで静かに聞きましょう。

〈時 間〉 適宜

〈解 答〉 省略

［2022年度出題］

アドバイス

昨年同様、考査前の面接時に行動観察が行われました。グループ課題・自由遊び・絵本の読み聞かせと３種類の行動観察がありますが、絵本の読み聞かせは面接での質問につながるなど、楽しくても、あくまでも試験の一環ということを忘れないようにする必要があります。当校の行動観察は例年大きな変化はありません。しかし、どんな課題が出ても、出来不出来が問題なのではありません。例えば、グループ課題では「協調性」が観点です。自分の意見を伝えるのはもちろんですが、ほかのお友だちの意見を聞いたり、周りとうまく合わせたりできるかが観られています。自由遊びでは、ほかのお友だちと遊び道具を譲り合うことができるか、絵本の読み聞かせでは、静かにお話が聞けるかなどが観られています。行動観察の課題では、日々の生活体験の積み重ねがはっきり観られます。日ごろからお子さまが幼稚園や公園で遊ぶ姿をよく観て、どのような立ち居振る舞いをすべきかを、生活を通して一緒に学んでいくとよいでしょう。

【おすすめ問題集】

Ｊｒ・ウォッチャー29「行動観察」

問題35　分野：保護者・志願者面接

〈準 備〉　なし

〈問 題〉　**この問題の絵はありません。**

【父親へ】
・志望理由をお聞かせください。
・お子さまとは日ごろ、どのように関わっていますか。
・今お子さまが、興味を持っていることや夢中になっていることは何ですか。
・学校の見学会はどうでしたか。感想をお聞かせください。
・本校を選んだ理由を、ご家庭の教育方針と合致している点からお話ください。
・カトリックの教育について、どう思われますか。
・当校までの通学経路について教えてください。
・お仕事についてお聞かせください。（勤務地や仕事内容、休日など）
・願書の内容や職業についての掘り下げた質問もあり。

【母親へ】
・お仕事をされていますか。緊急時の対応は、お母さまお父さまどちらがなさいますか。
・私立の女子校を選んだ理由を教えてください。
・学校を選ぶ際に、どのような点を重視しましたか。
・お子さまは、幼稚園で、どのように過ごしていますか。
・お子さまは、今、何か運動をしていますか。
・子育てで、気を付けていることはありますか。
・ご家庭の教育方針をお聞かせください。
・お子さまはふだん、家で、どんなお手伝いをしますか。
・願書の内容や職業についての掘り下げた質問もあり。

【志願者へ】
・お名前を教えてください。
・幼稚園（保育園）の先生の名前を教えてください。
・幼稚園では、毎日、どんなことをしていますか。
・幼稚園ですることで、何が好きですか。
・さっき、ほかの部屋で読んでいた本は、どんな名前でしたか。
　→知っている本でしたか。
　　お話は、最後、どうなりましたか。
・お父さん、お母さんと、いつも何をして遊びますか。
・何か習いごとをしていますか。
・お家で何かお手伝いをしていますか。
・小学校に入ったら、何をしたいですか。

〈時 間〉　10分程度

〈解 答〉　省略

［2022年度出題］

アドバイス

面接は、考査日の前に、両親と志願者で行われます。例年、面接の前に面接資料の記入を15分程度で行い、アンケートの形をとっていますが、昨年同様、短い作文のような質問も課されました。Ａ４用紙の片面に、「本校を志望されたのはいつ頃か」（１行程度）、「本校の教育とご家庭の教育方針が合っているのはどんなところか」（15行程度）を書き、裏面には「ご自由にお書きください」と、かなり余裕を持ったスペースが設けられていました。記入時間が短い上、面接で掘り下げて聞かれることもある内容ですので、しっかり準備をしておく必要があると思います。面接の内容には、例年大きな変化はありません。一般的な小学校入試の面接といってよいでしょう。受け答えに関しては特別な準備の必要はありません。回答の内容に食い違いが出ないように、打ち合わせは大事でしょう。
お子さまへの質問では、事前の行動観察の際に読んでもらっていた絵本についての質問があります。ただ楽しむだけではなく、一つひとつに意味があり、学校にいる間は、常に試験中であると意識させる必要があるでしょう。

【おすすめ問題集】

新 小学校受験の入試面接Ｑ＆Ａ、家庭で行う面接テスト問題集、
保護者のための面接最強マニュアル

2025 年度 立教女学院 過去 無断複製／転載を禁ずる 日本学習図書株式会社

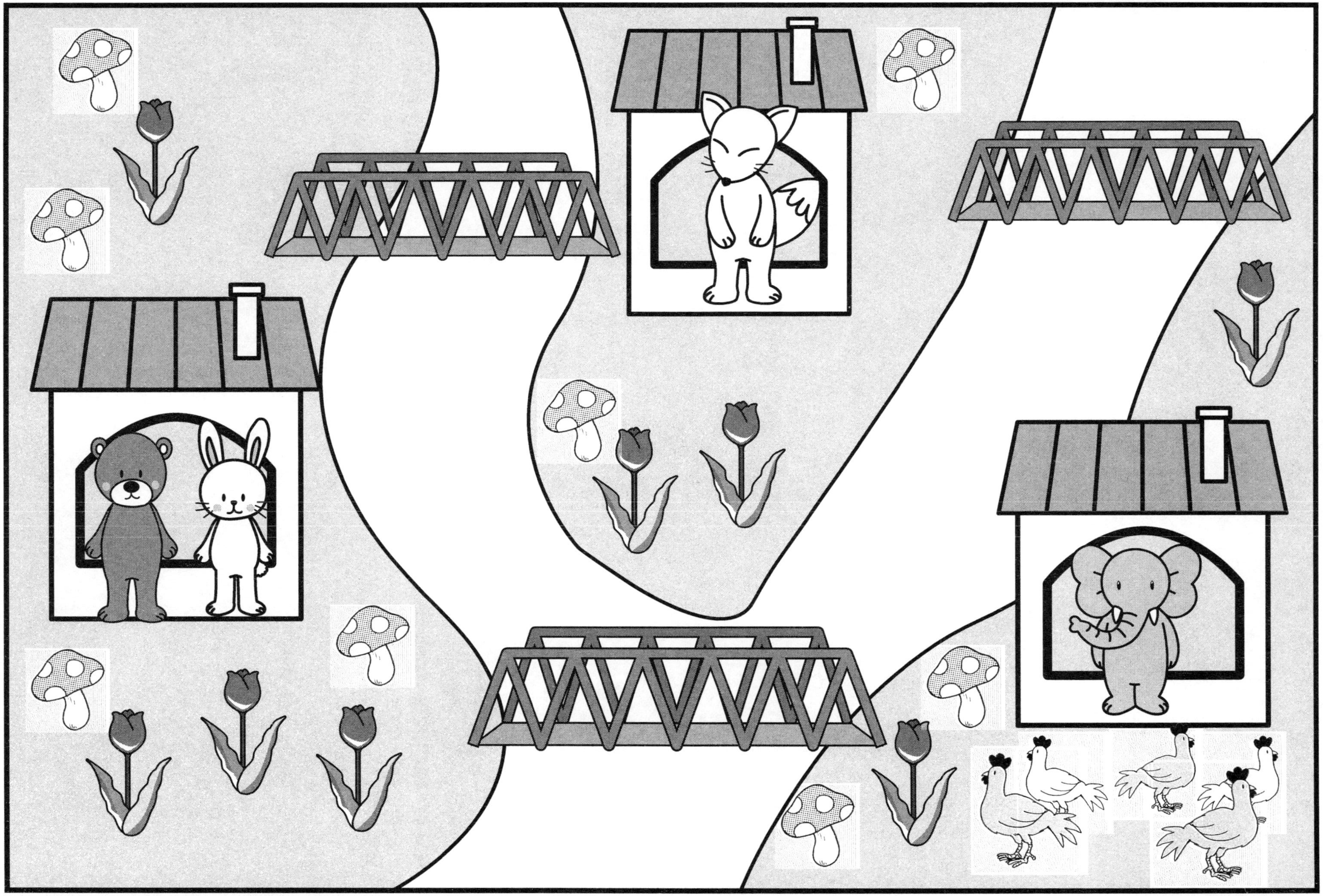

問題 1 - 2

①
②
③
④

問題2－1

①

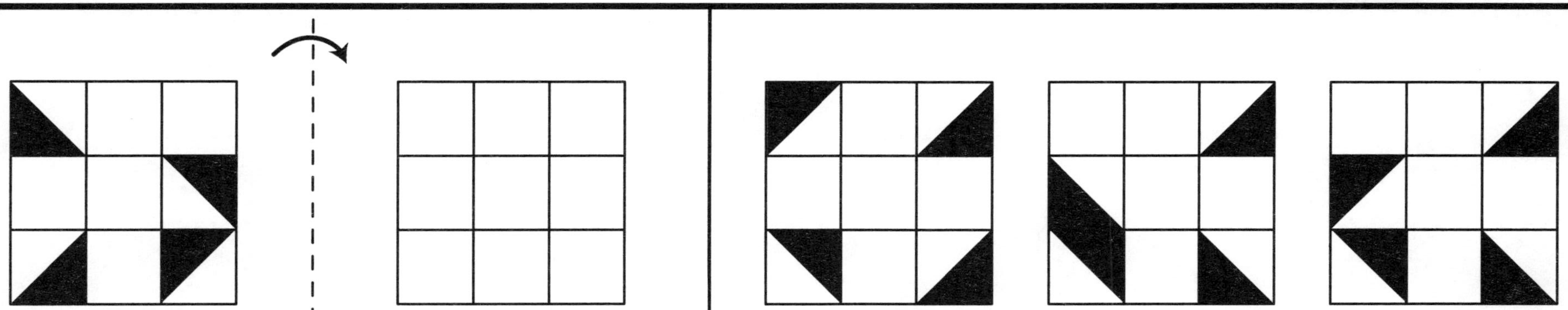

②

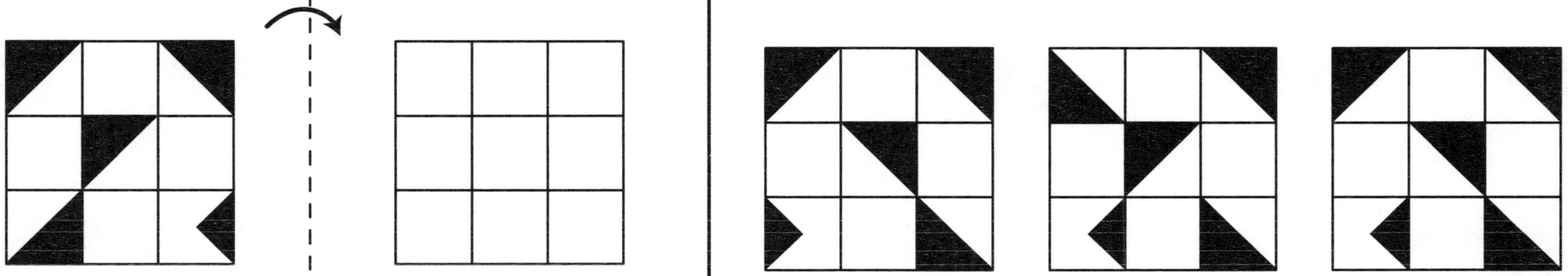

③

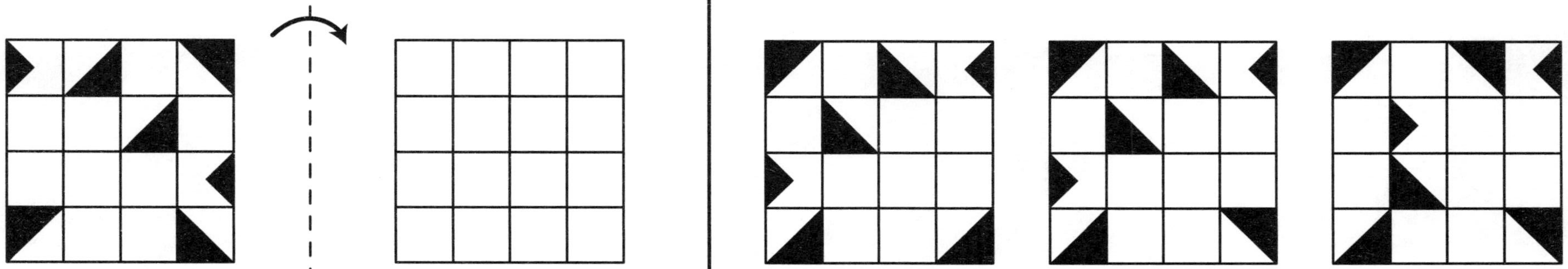

 無断複製／転載を禁ずる 日本学習図書株式会社

問題2－2

④

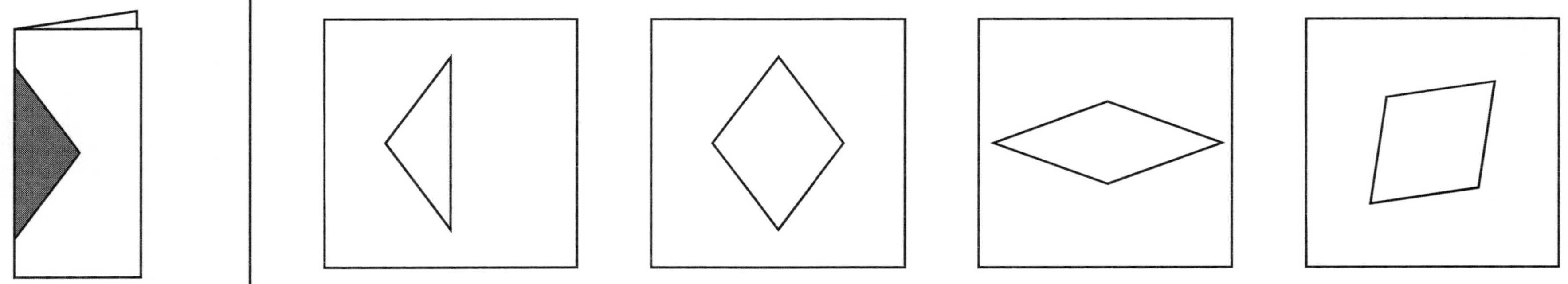

⑤

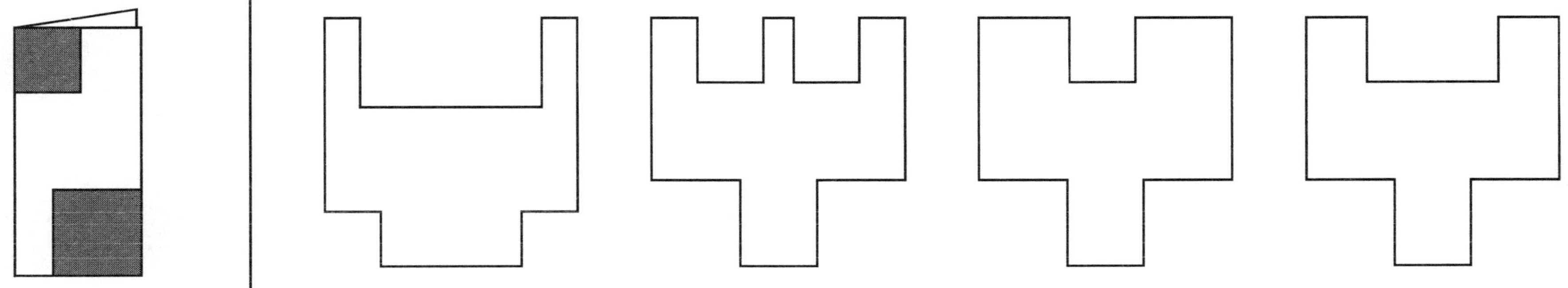

⑥

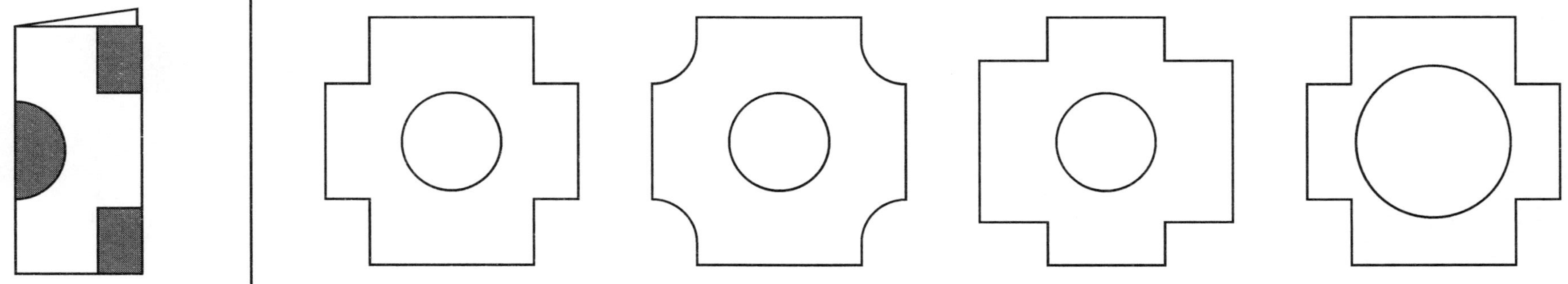

 無断複製／転載を禁ずる

日本学習図書株式会社

問題3

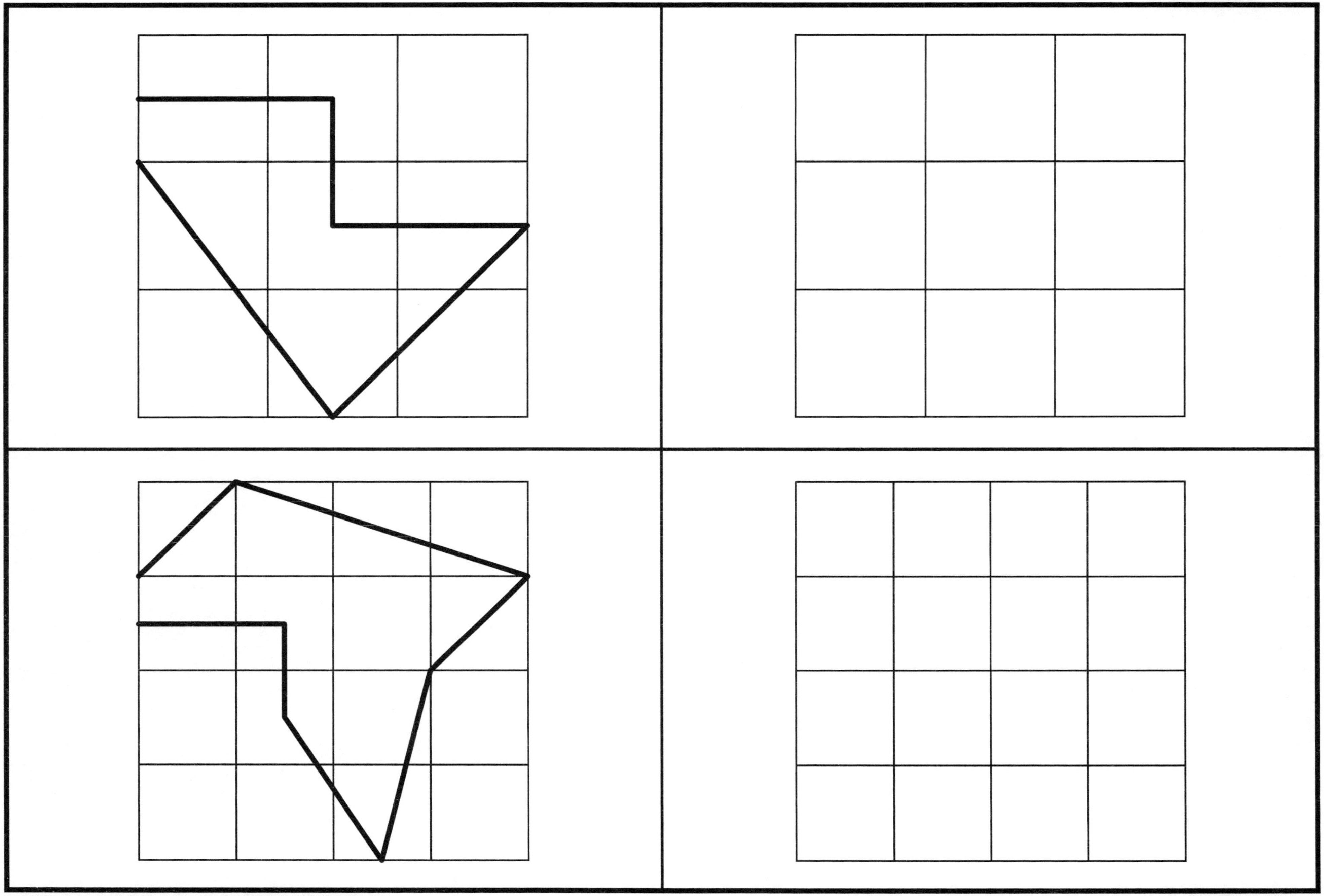

 無断複製／転載を禁ずる

日本学習図書株式会社

問題4

 無断複製／転載を禁ずる

日本学習図書株式会社

問題5

①

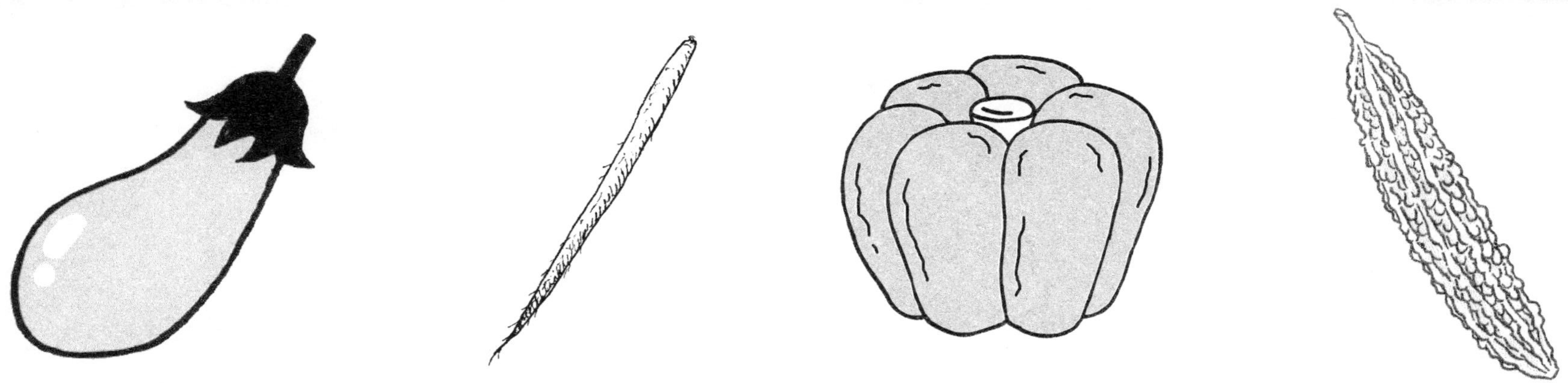

②

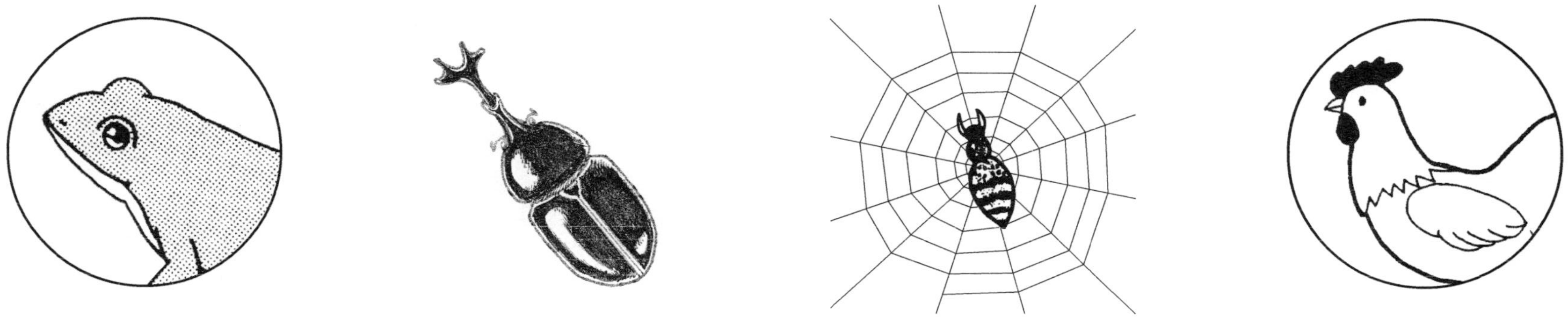

③

 無断複製／転載を禁ずる

問題6

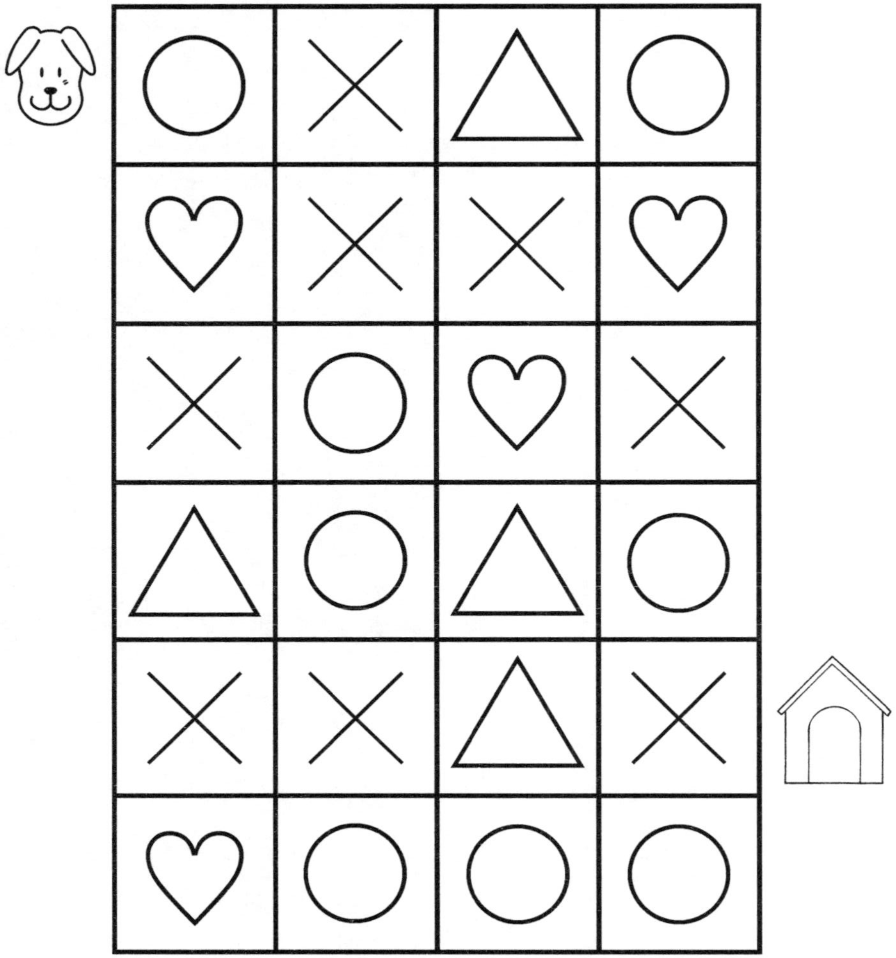

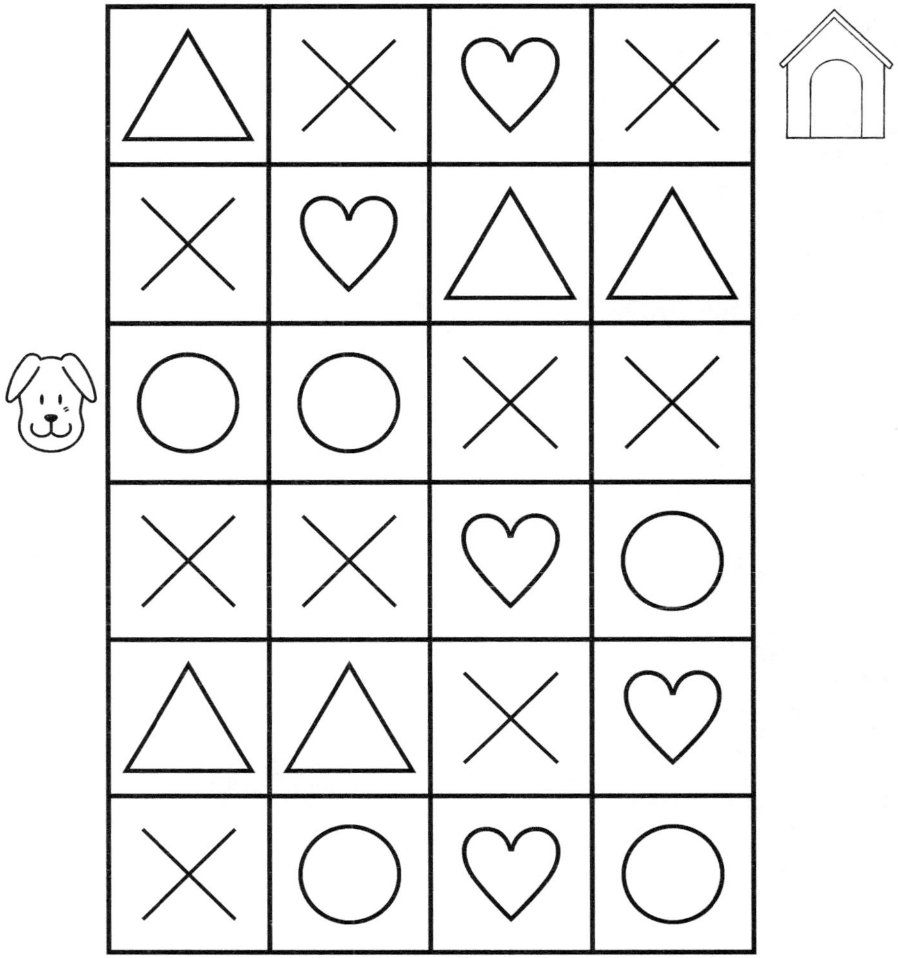

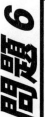

日本学習図書株式会社

2025 年度 立教女学院 過去 無断複製／転載を禁ずる

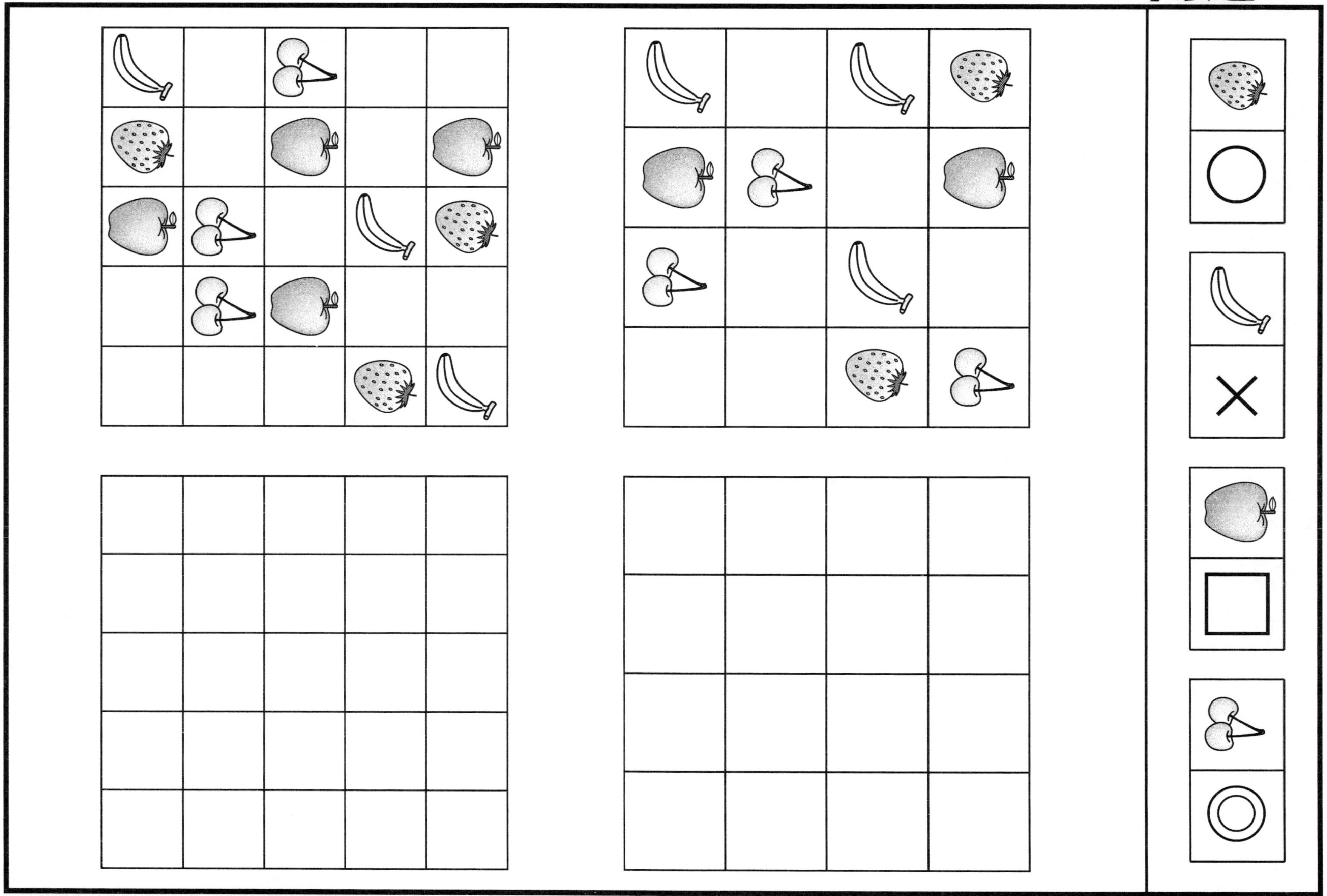

問題 8

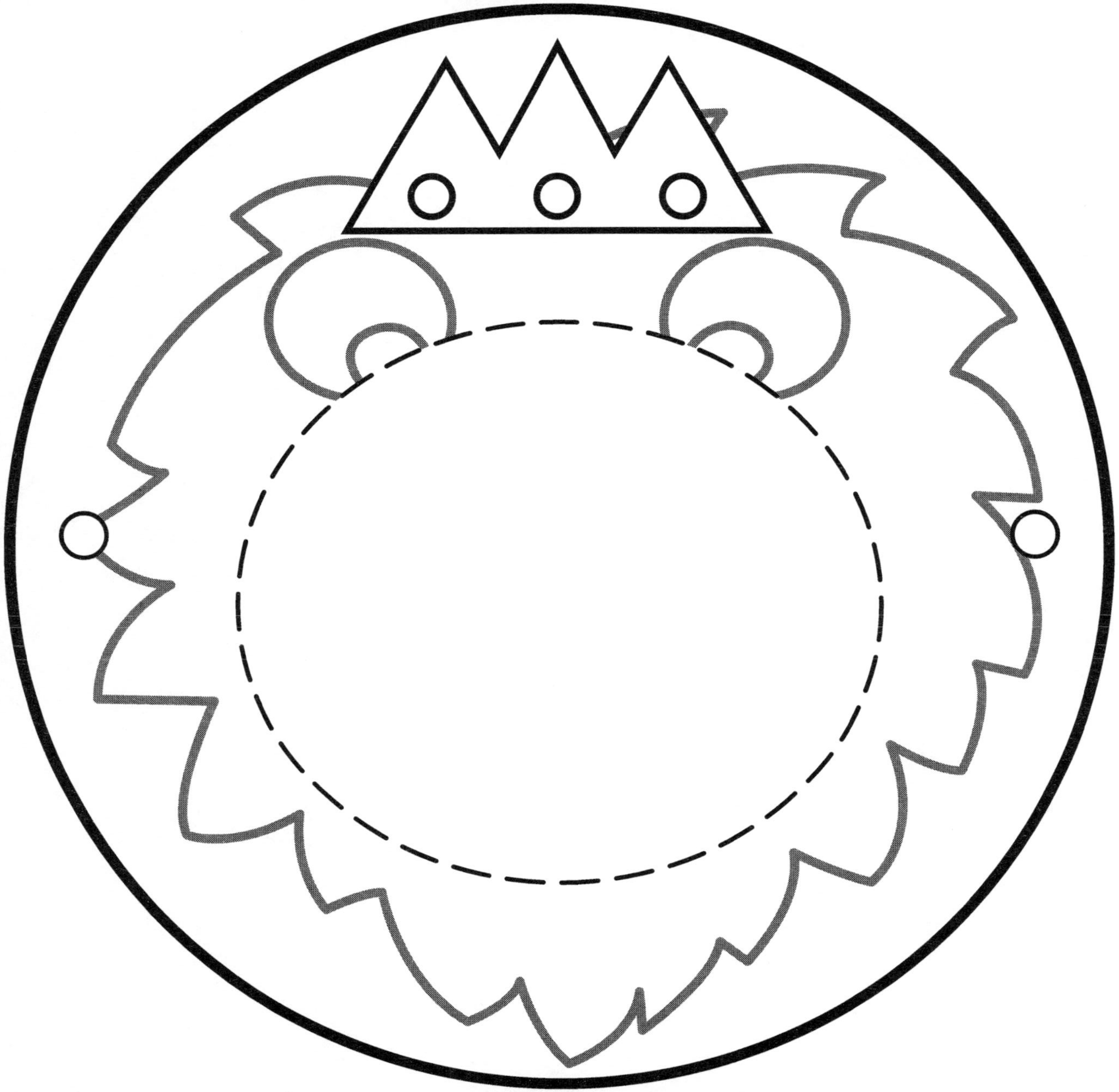

完成例

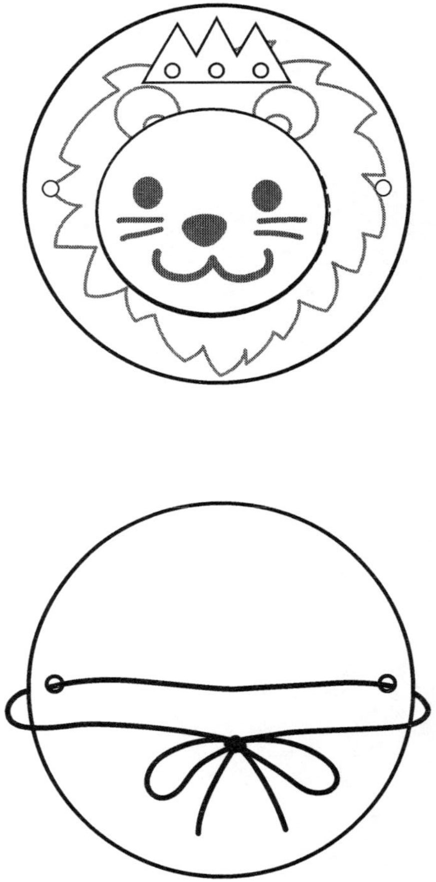

2025 年度 立教女学院 過去 無断複製／転載を禁ずる 日本学習図書株式会社

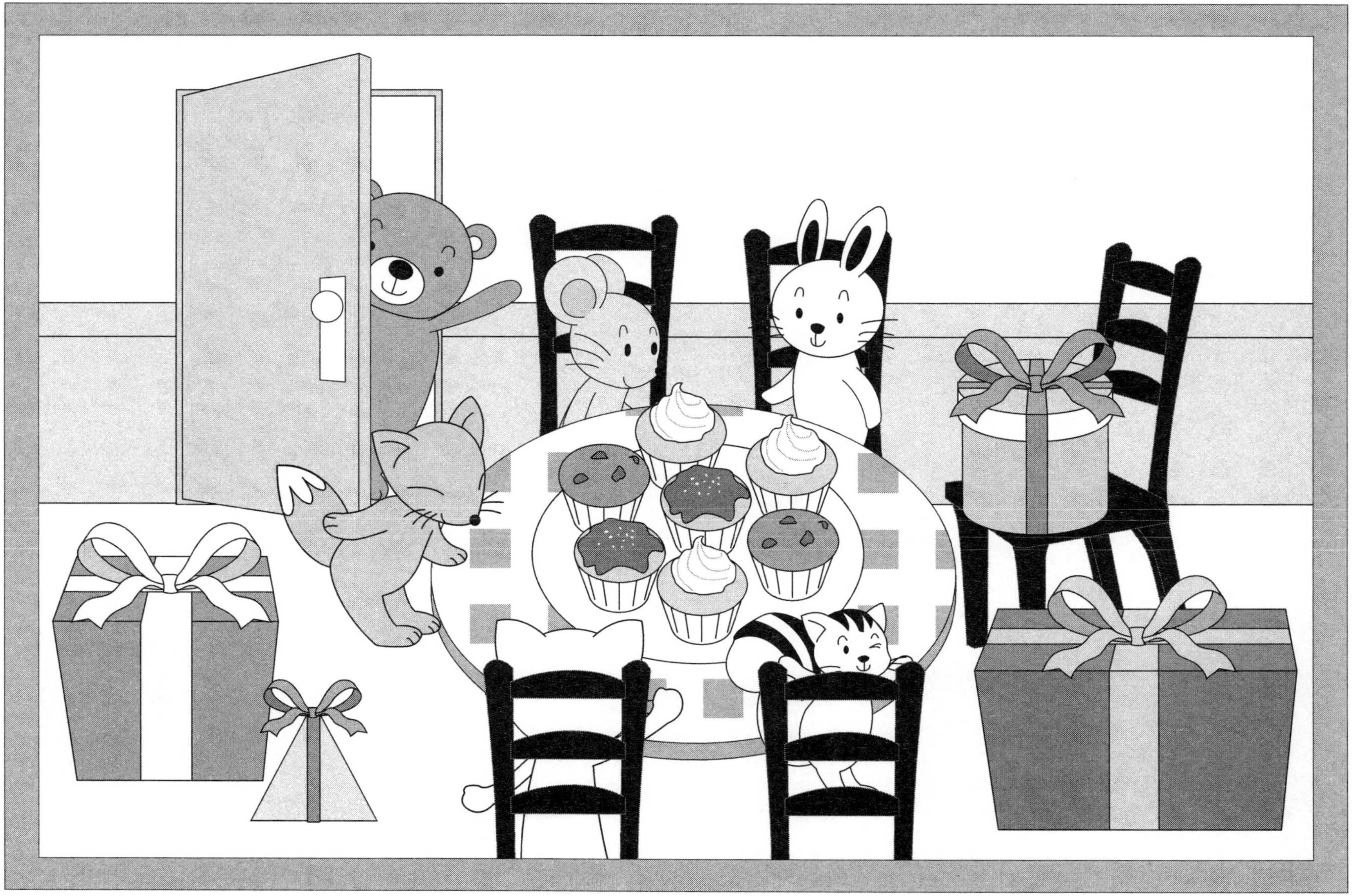

問題１２

①

②

③

④

⑤

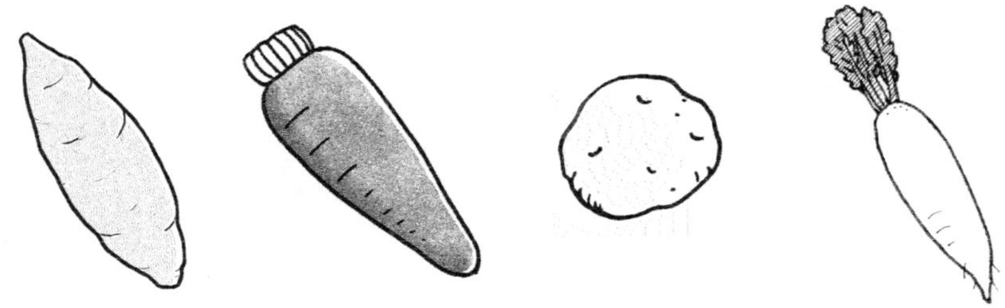

⑥

 無断複製／転載を禁ずる

日本学習図書株式会社

日本学習図書株式会社

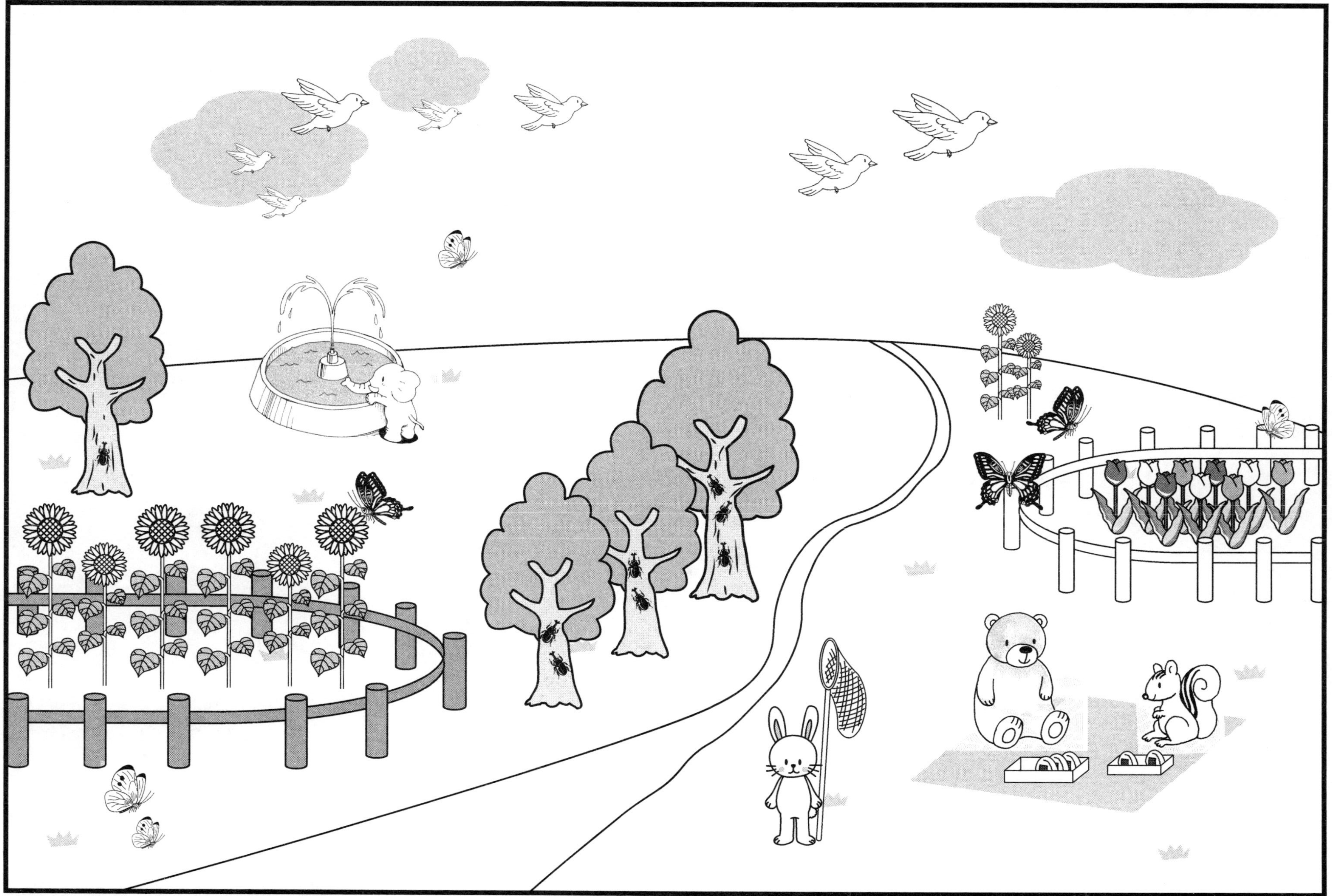

問題13－2

①

②

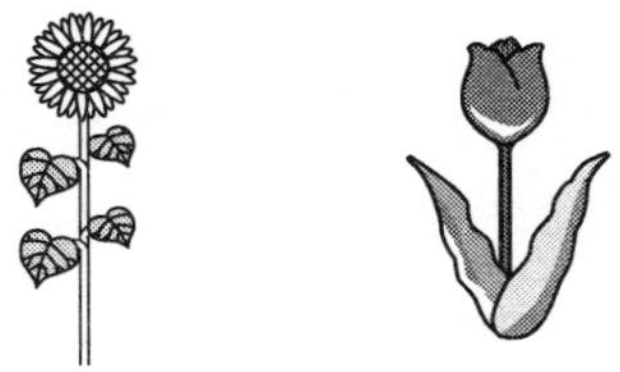

③

④

⑤

2025 年度 立教女学院 過去 無断複製／転載を禁ずる 日本学習図書株式会社

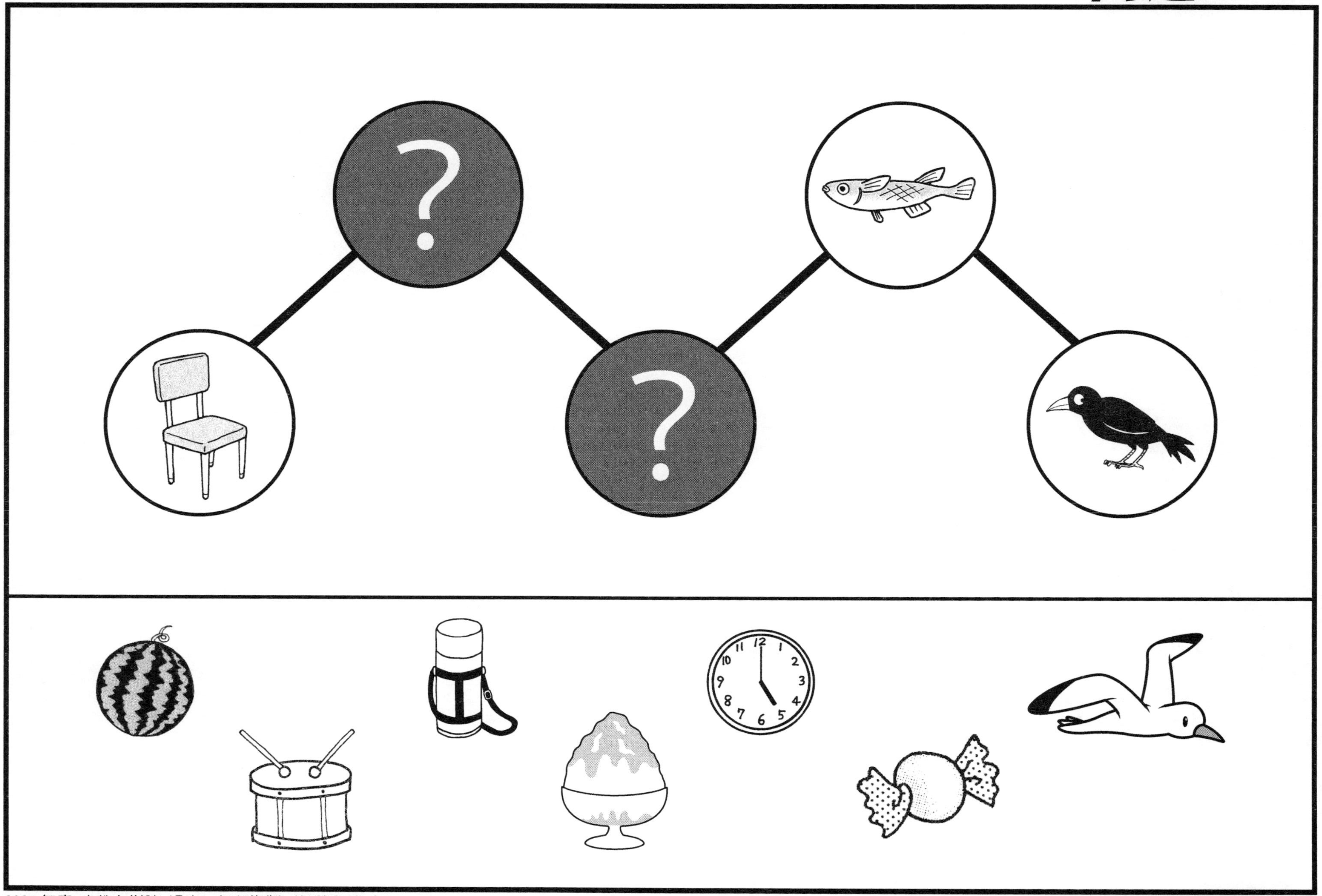

問題１５

①

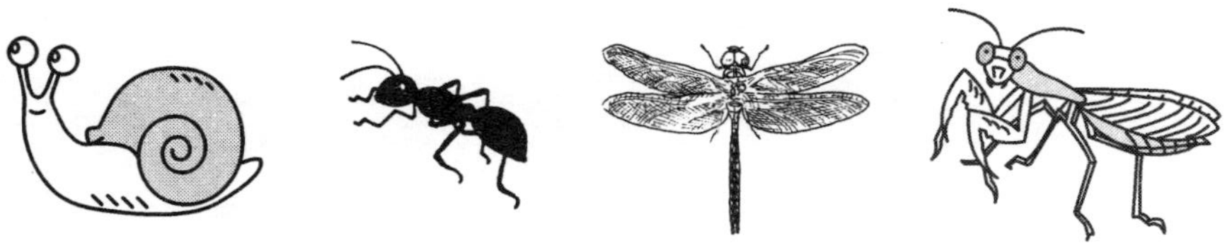

②

③

④

⑤

⑥

①

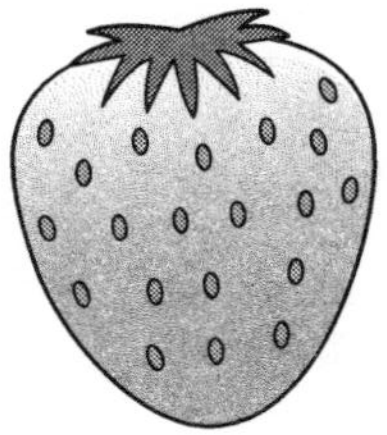

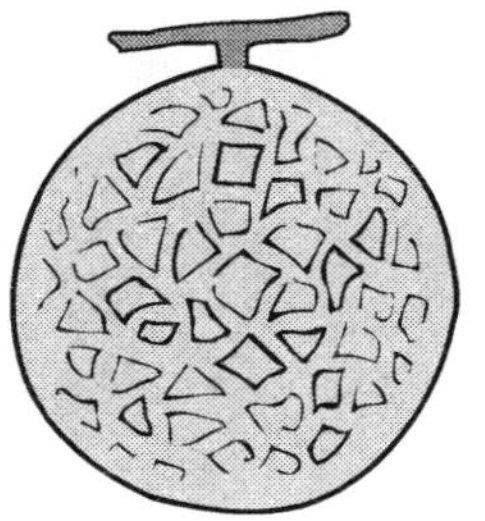

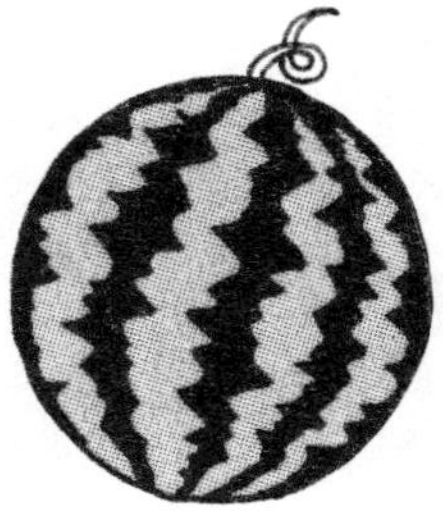

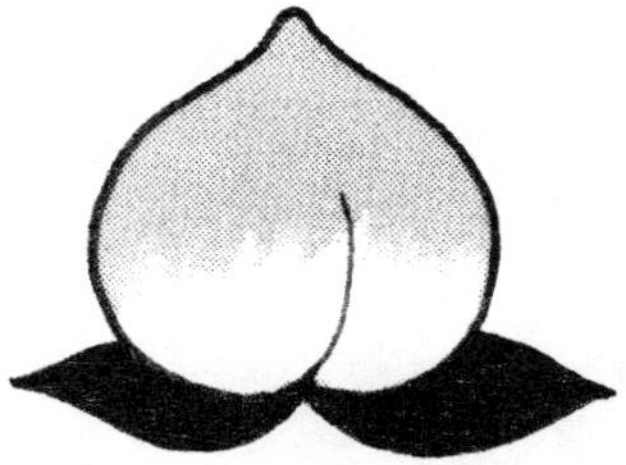

②

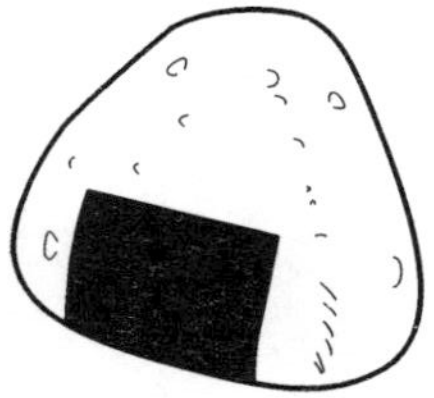

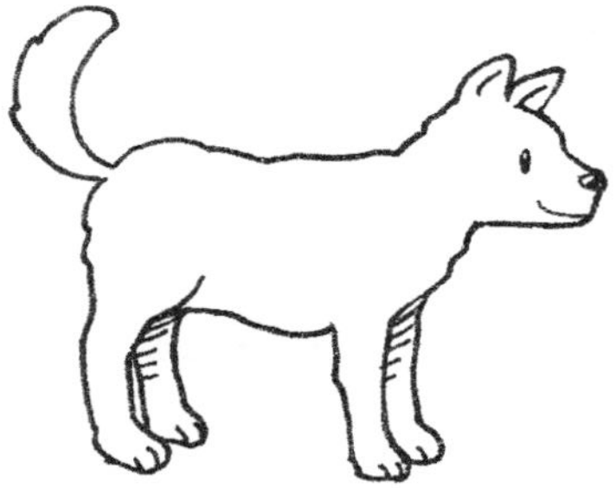

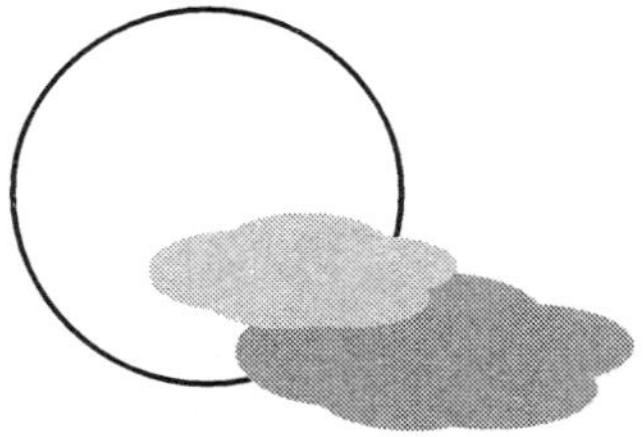

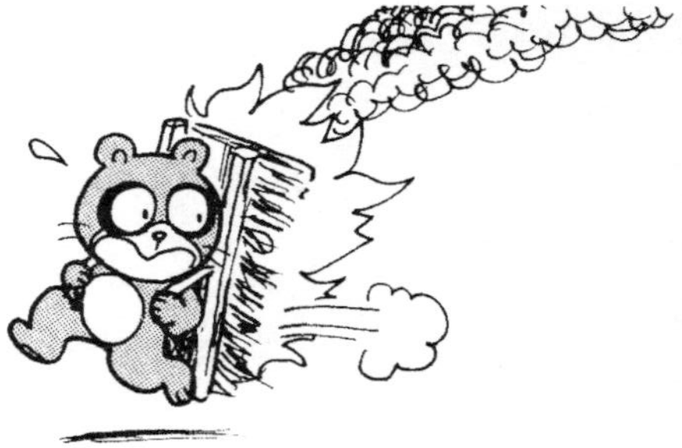

日本学習図書株式会社

2025年度 立教女学院 過去 無断複製／転載を禁ずる

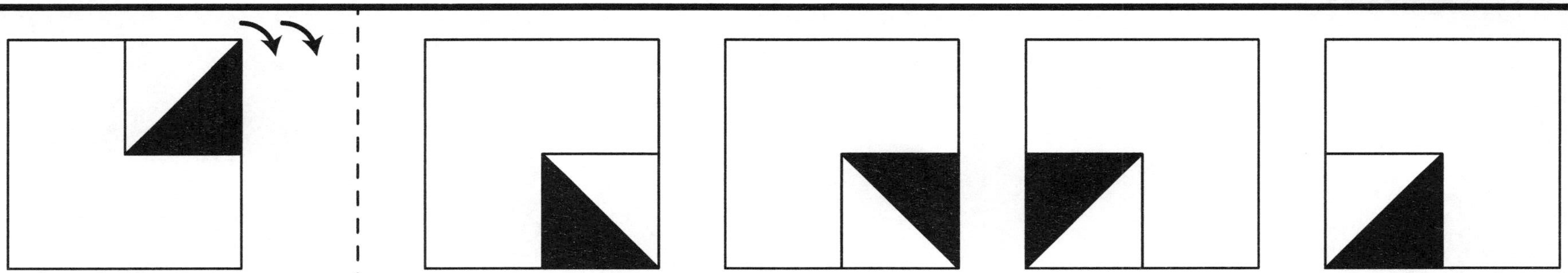

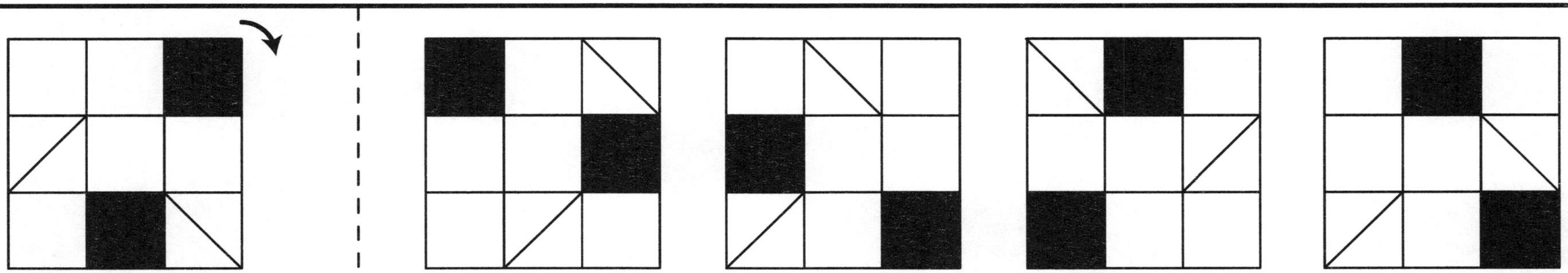

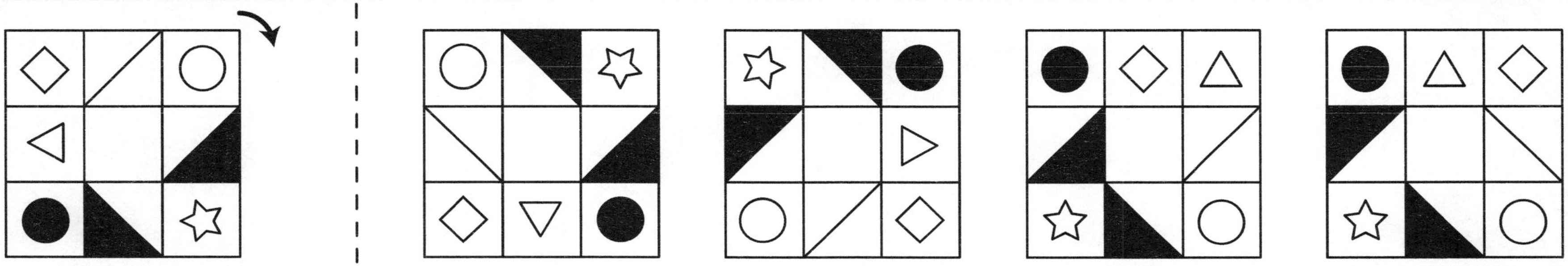

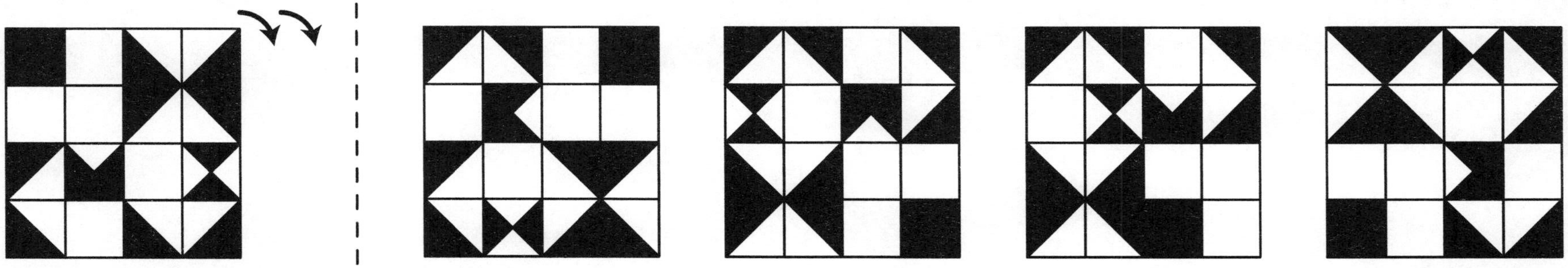

問題１８

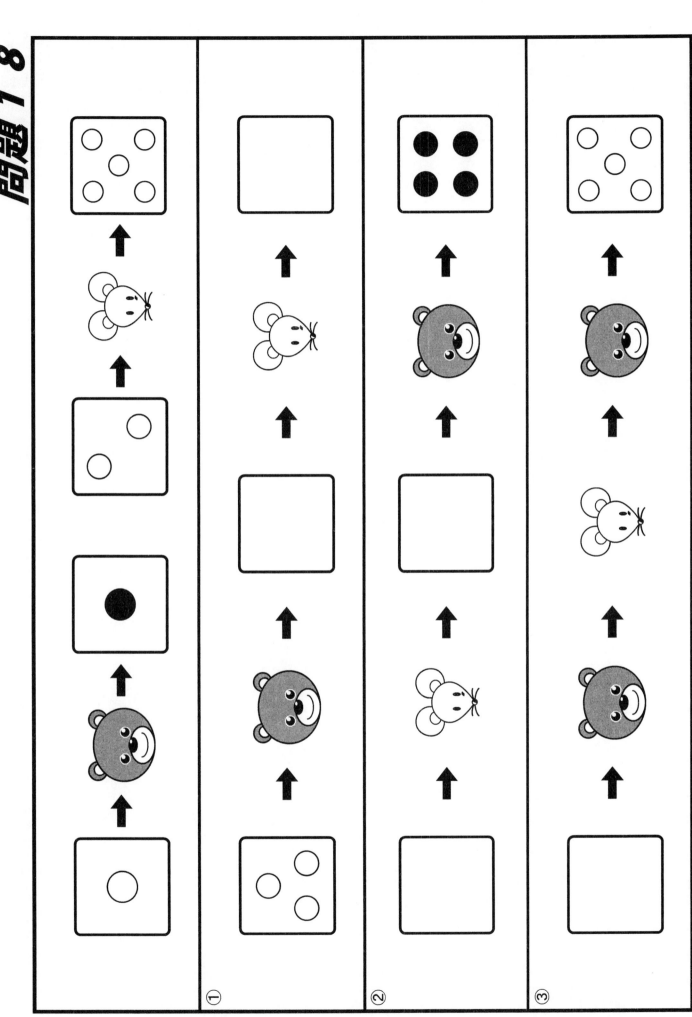

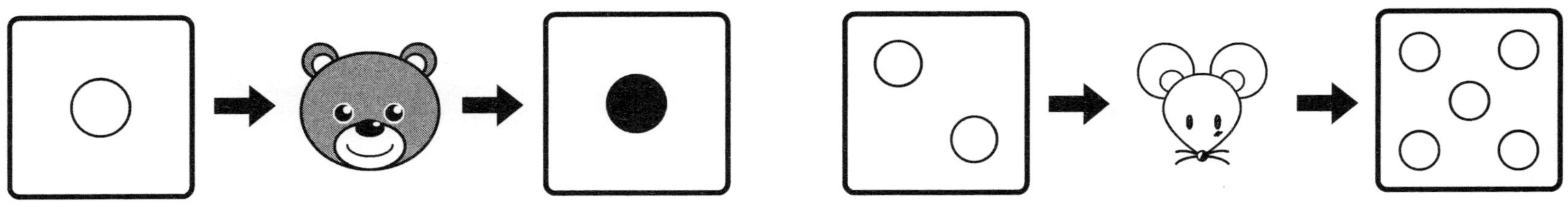

①

②

③

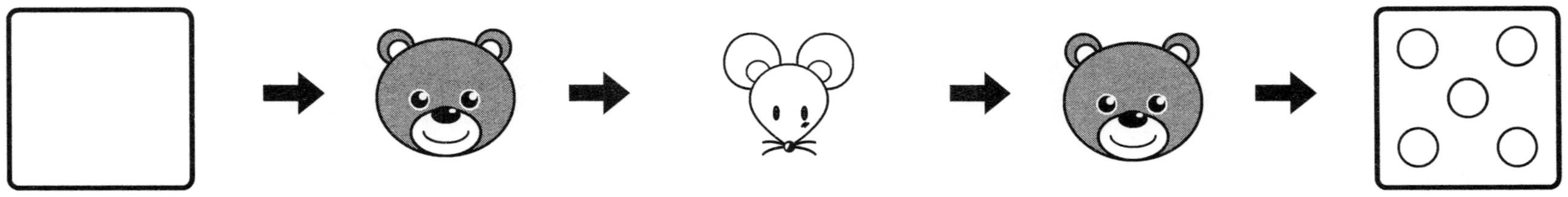

 無断複製／転載を禁ずる

日本学習図書株式会社

問題１９

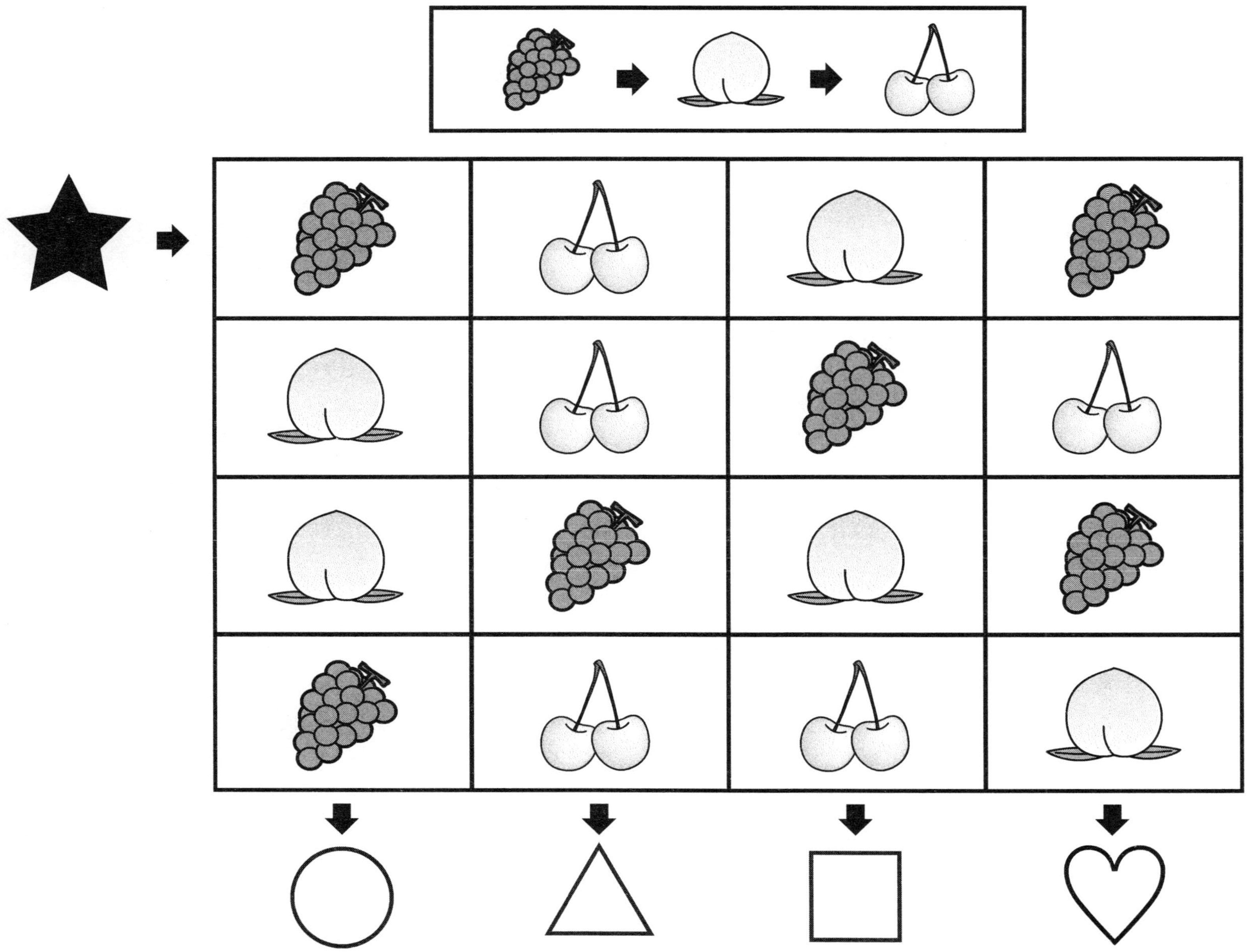

 無断複製／転載を禁ずる

日本学習図書株式会社

2025 年度 立教女学院 過去 無断複製／転載を禁ずる

日本学習図書株式会社

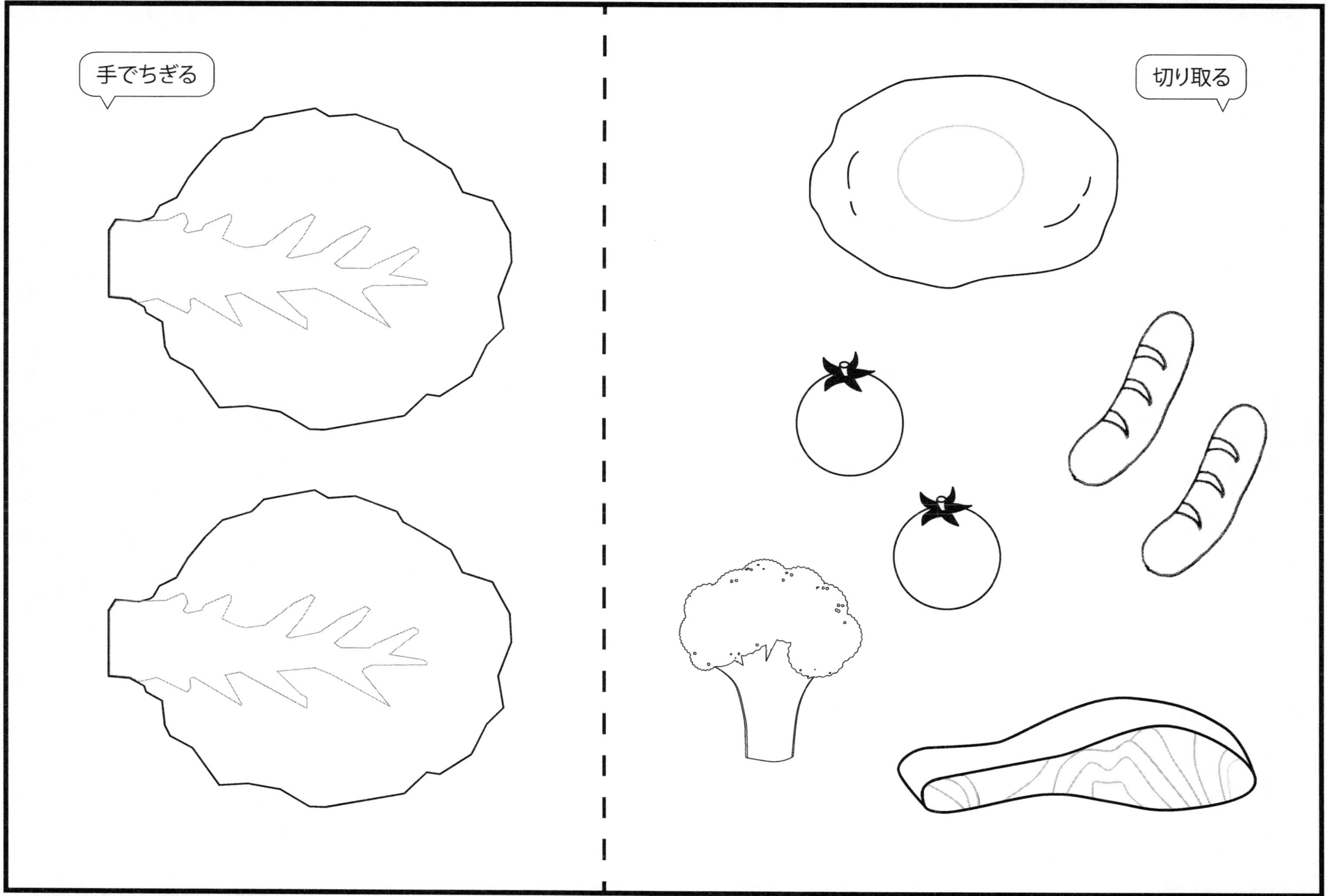

2025年度 立教女学院 過去 無断複製／転載を禁ずる

日本学習図書株式会社

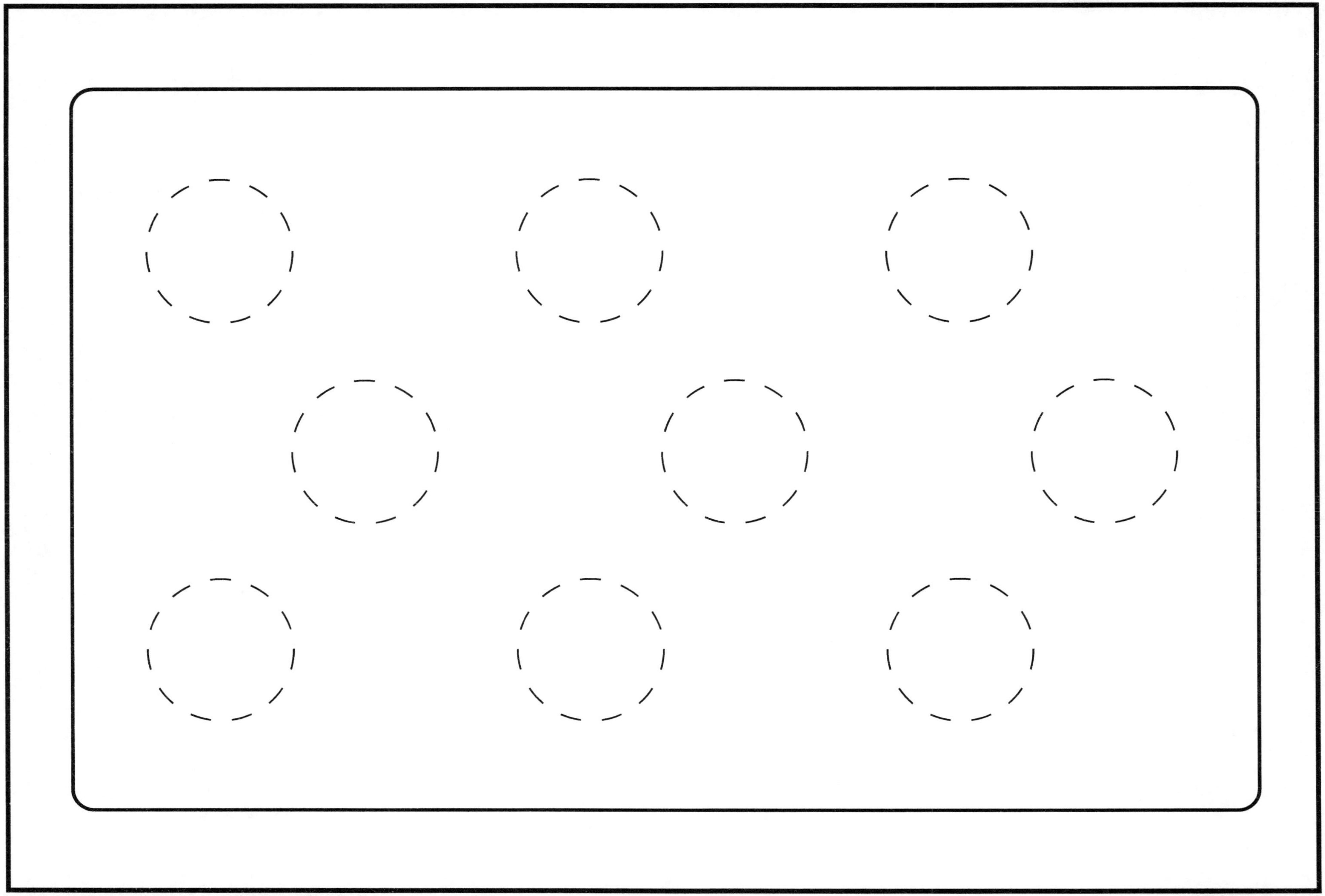

問題20－3

ストロー１本
ビーズ６つ

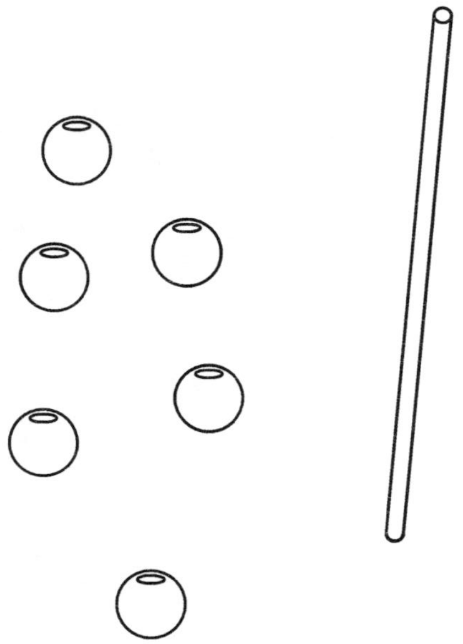

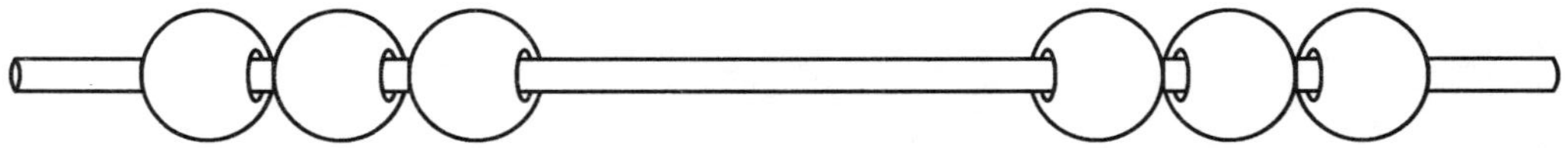

無断複製／転載を禁ずる

日本学習図書株式会社

2025年度 立教女学院 過去 無断複製／転載を禁ずる 日本学習図書株式会社

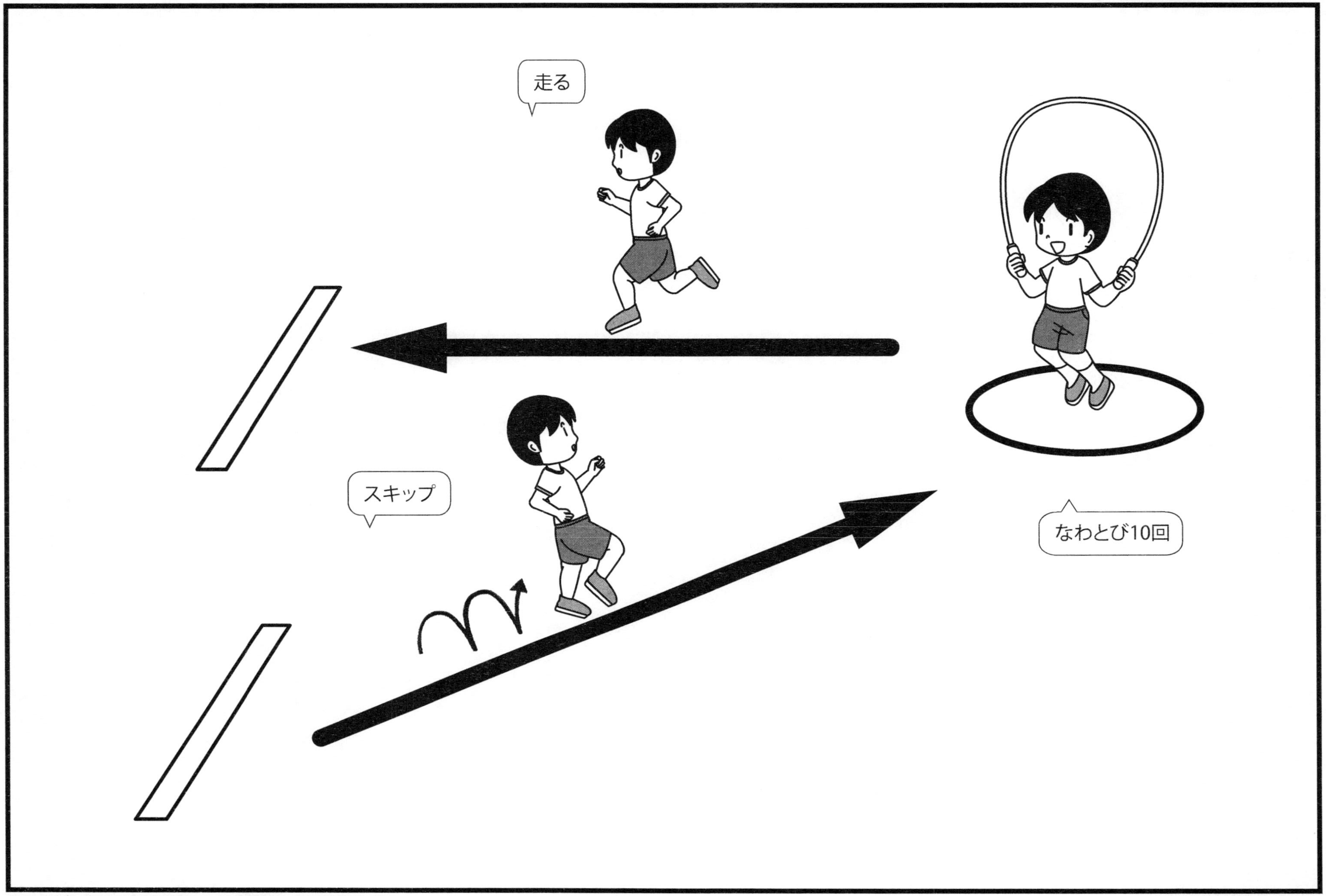

日本学習図書株式会社

2025 年度 立教女学院 過去 無断複製／転載を禁ずる

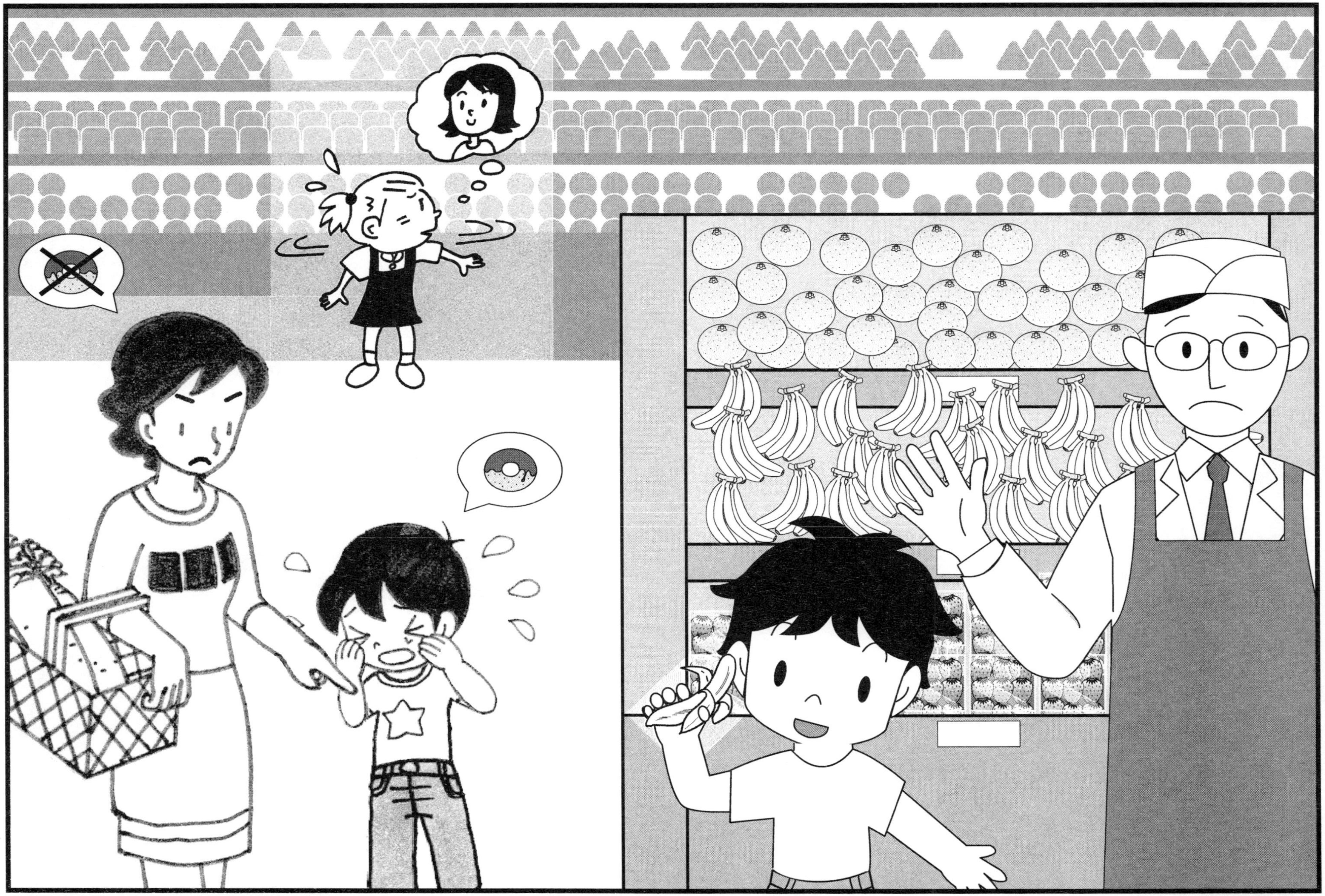

問題２３

①

②

③

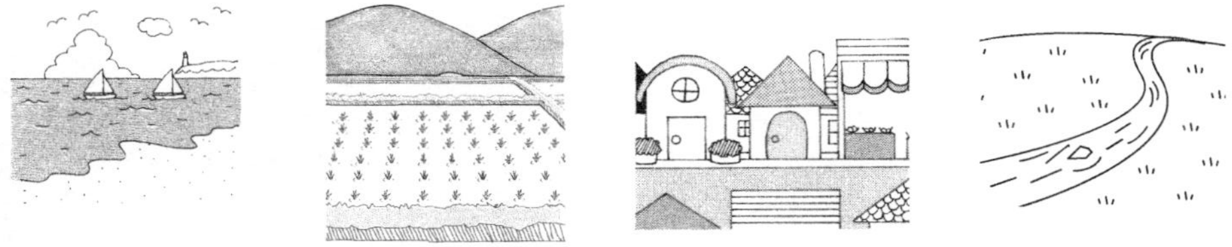

④

⑤

⑥

⑦

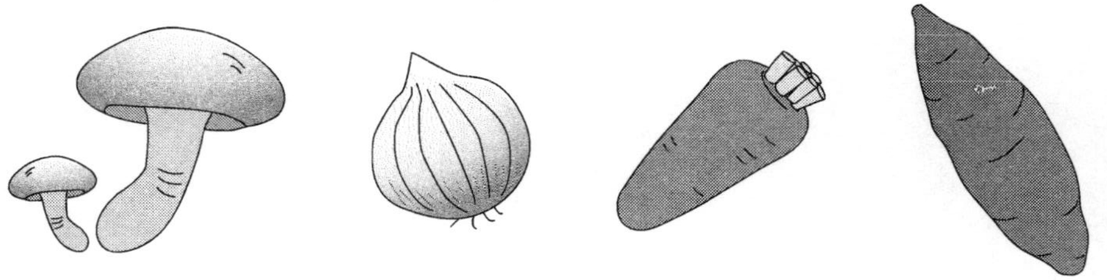

⑧

無断複製／転載を禁ずる

2025 年度 立教女学院 過去 無断複製／転載を禁ずる　日本学習図書株式会社

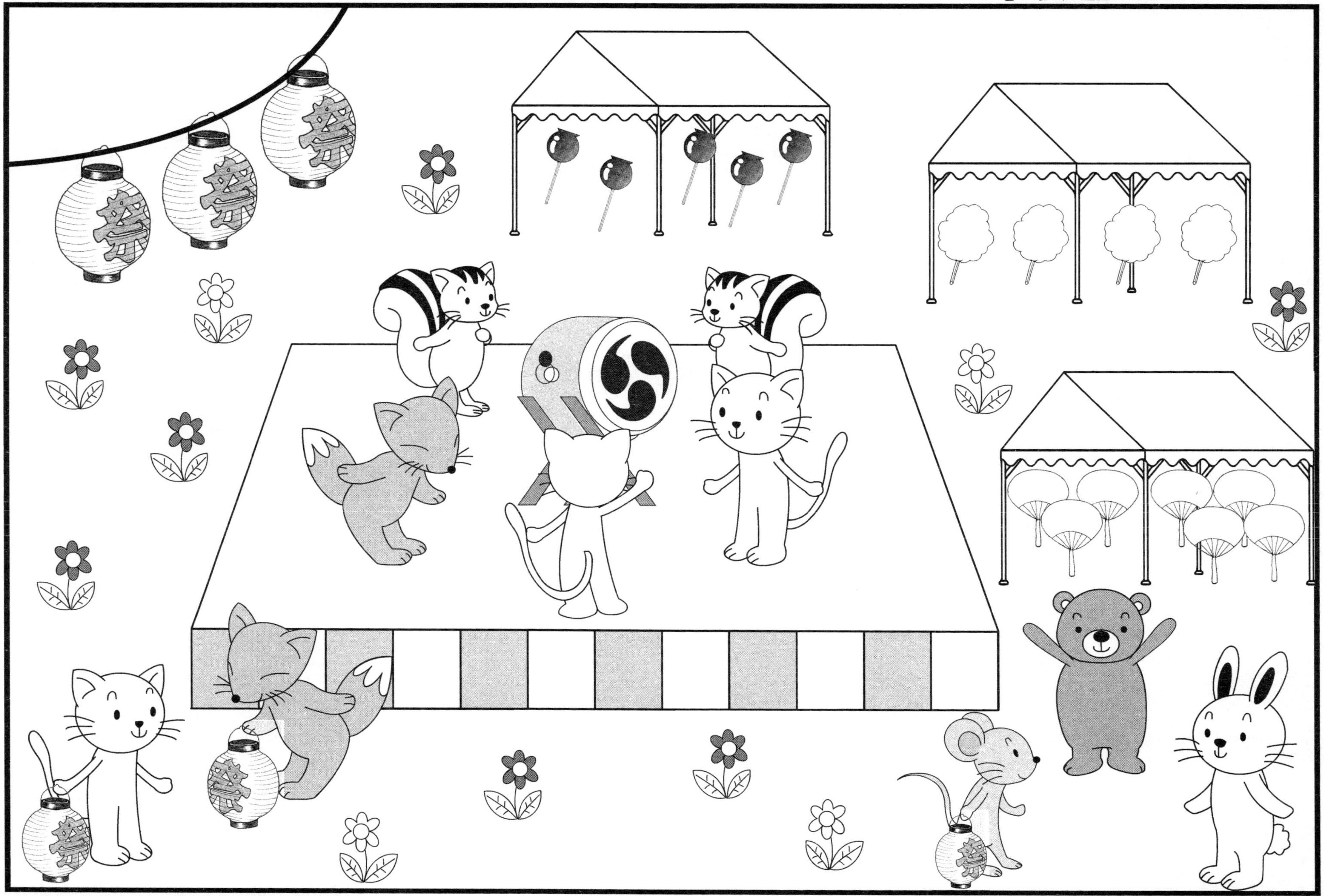

問題２４－２

①

②

③

④

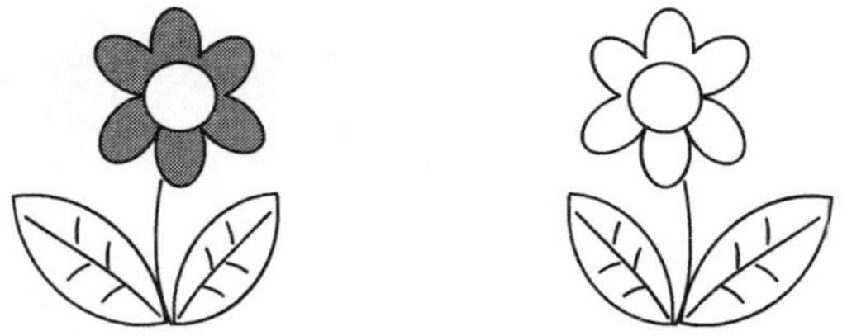

⑤

 無断複製／転載を禁ずる

問題２５

①
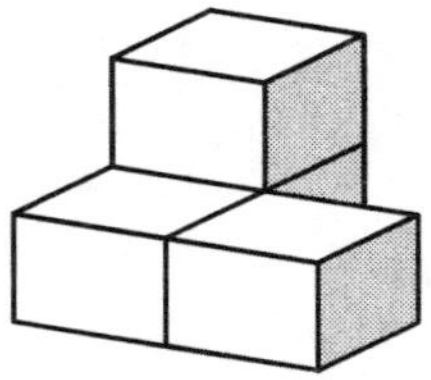

②
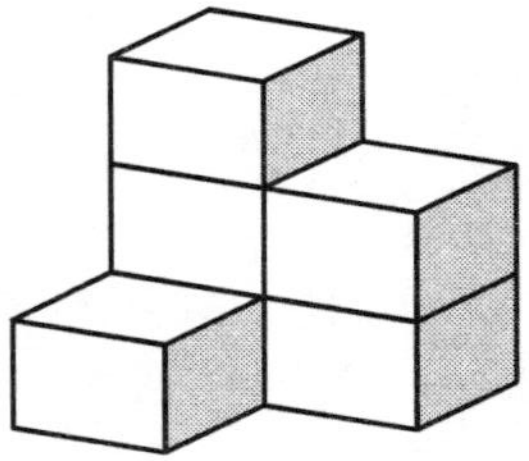

③
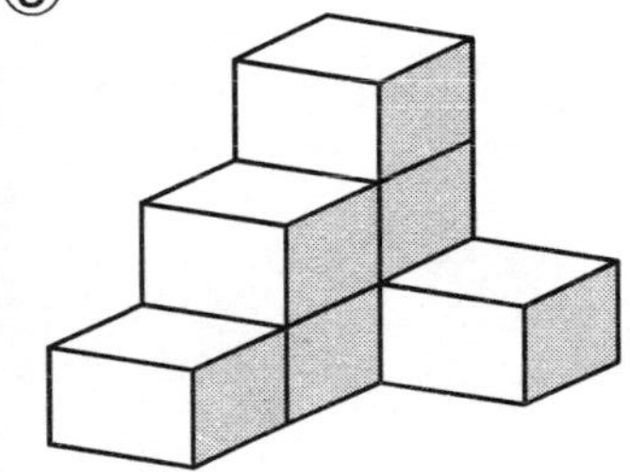

④
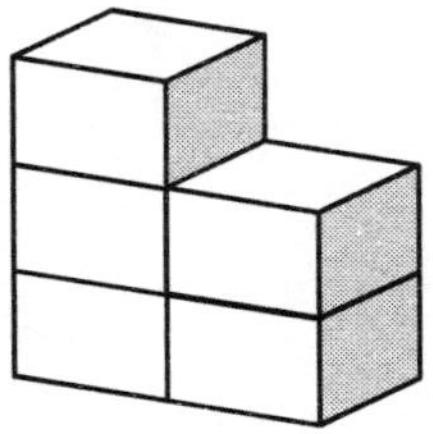

⑤
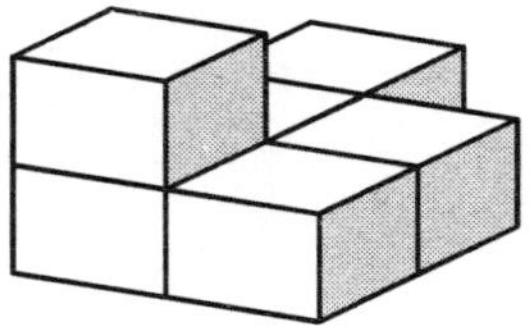

⑥
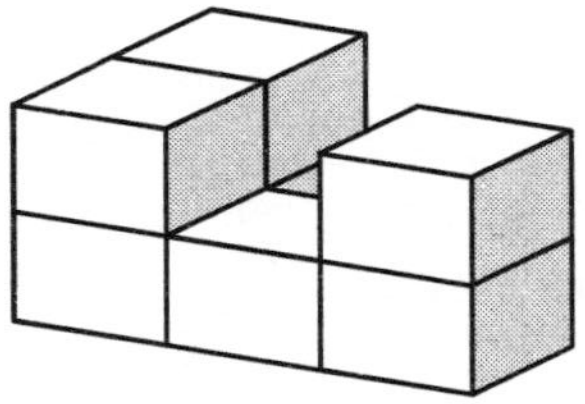

⑦
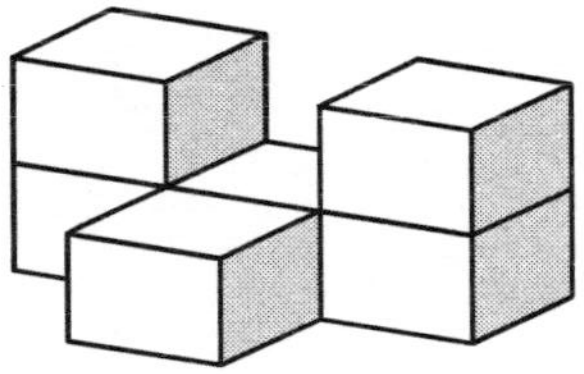

⑧
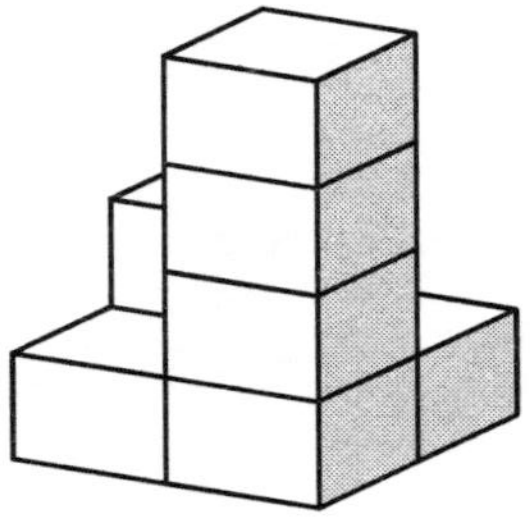

無断複製／転載を禁ずる

問題２６

 無断複製／転載を禁ずる

問題27

日本学習図書株式会社

2025年度 立教女学院 過去 無断複製／転載を禁ずる

問題28

①

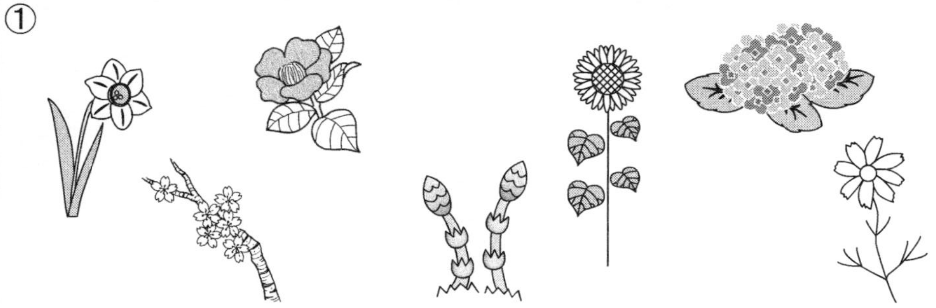

②

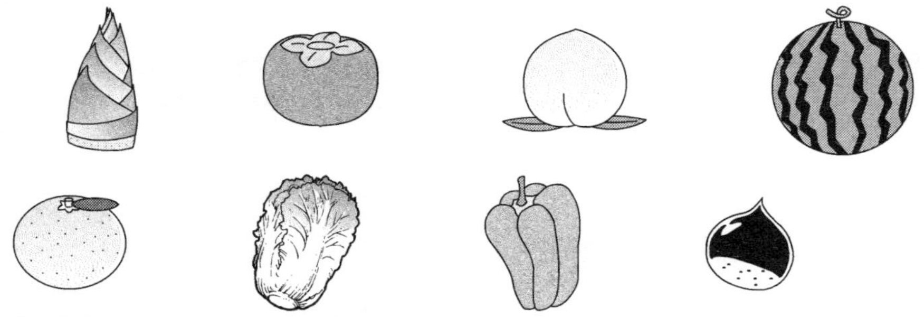

③

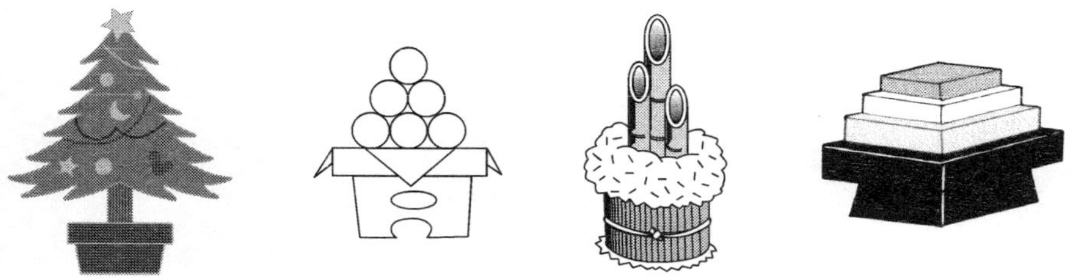

④

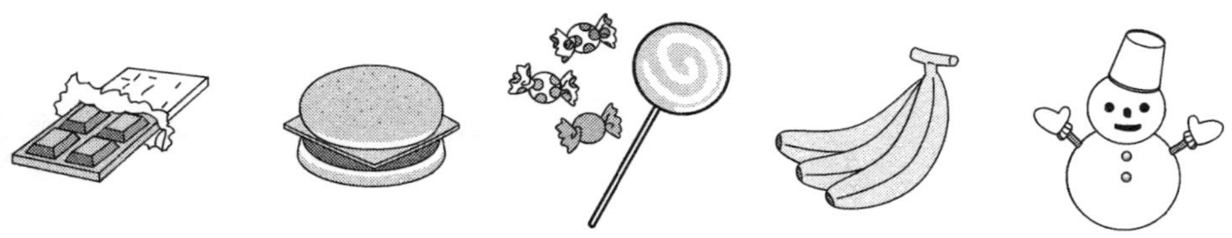

⑤

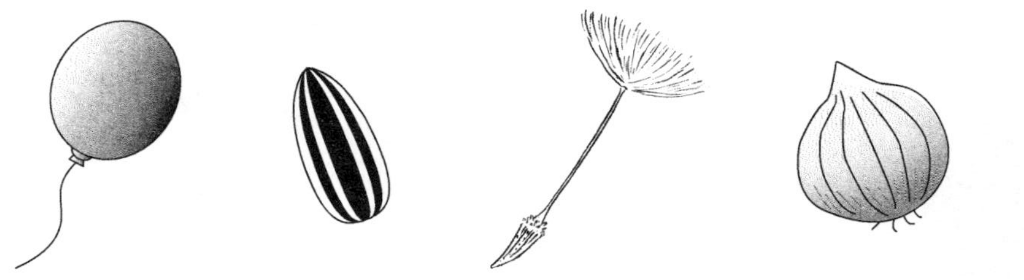

⑥

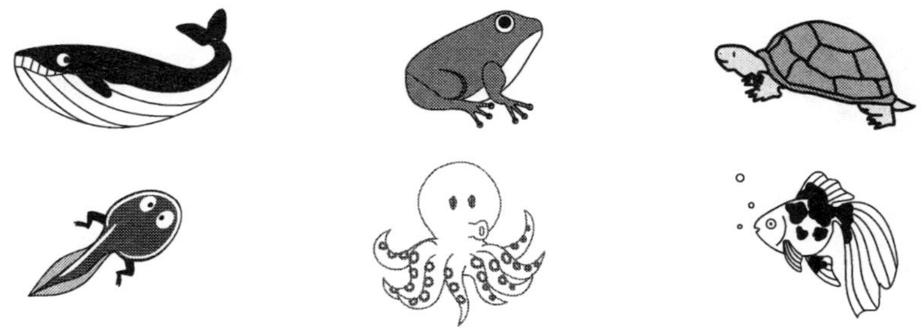

⑦

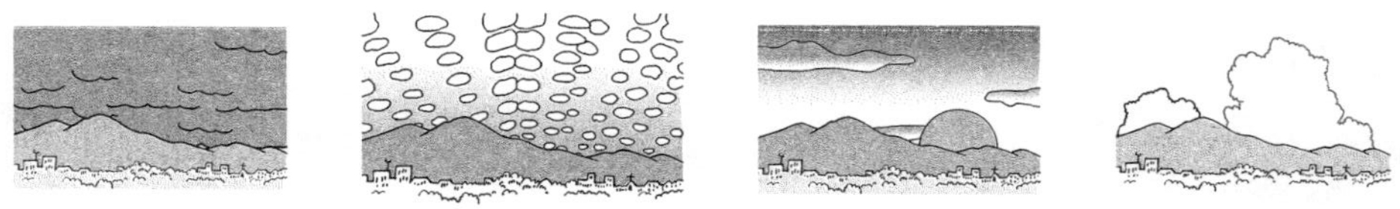

⑧

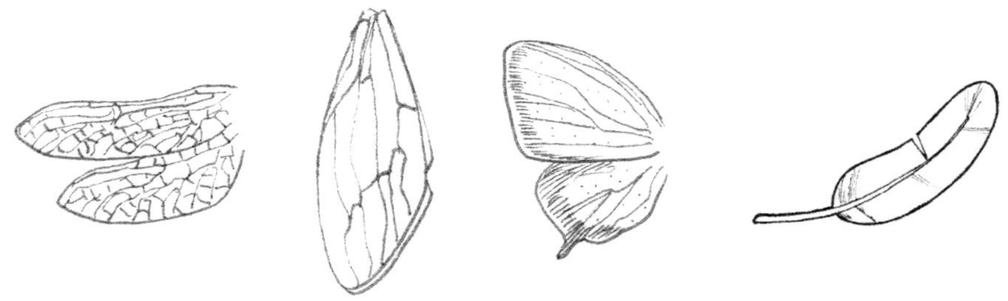

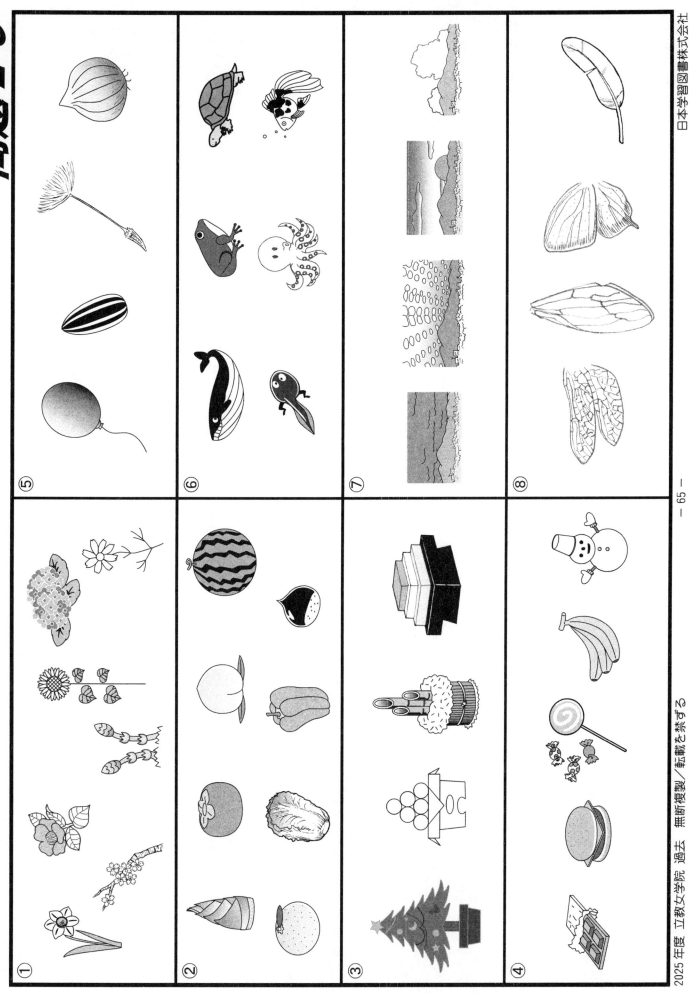

問題２９

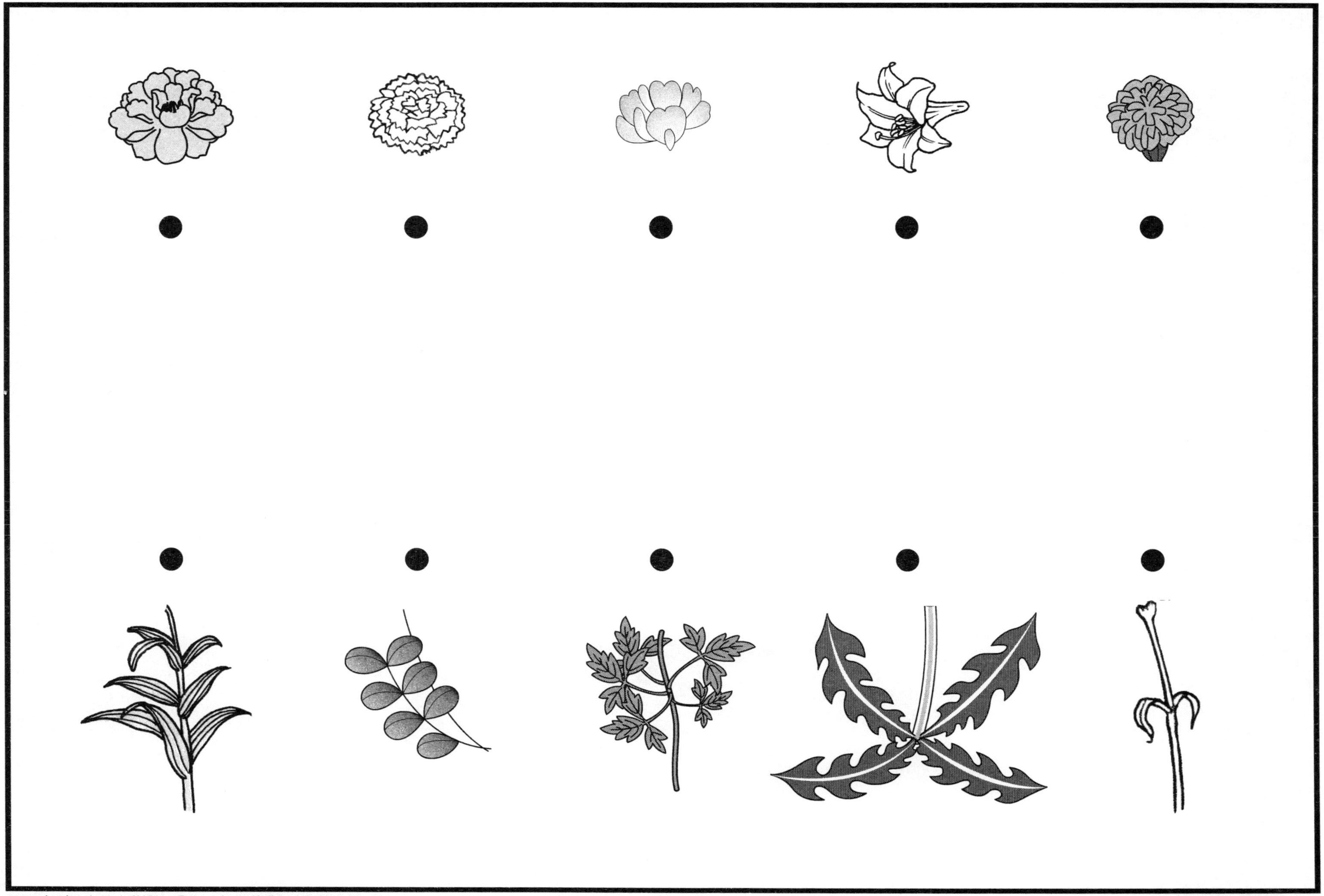

 無断複製／転載を禁ずる

日本学習図書株式会社

問題３０

①

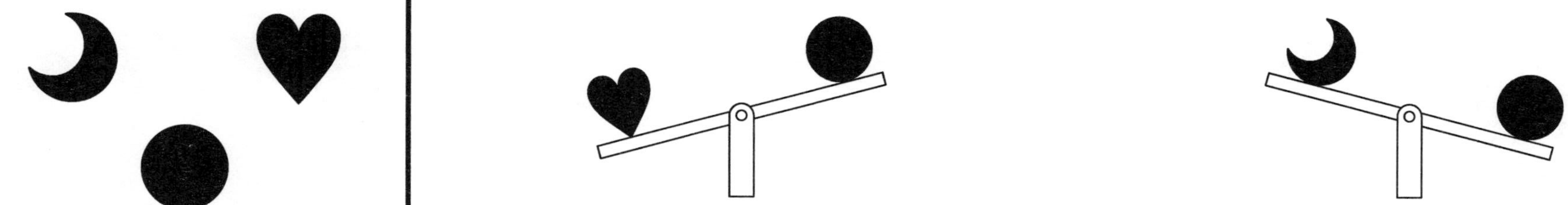

②

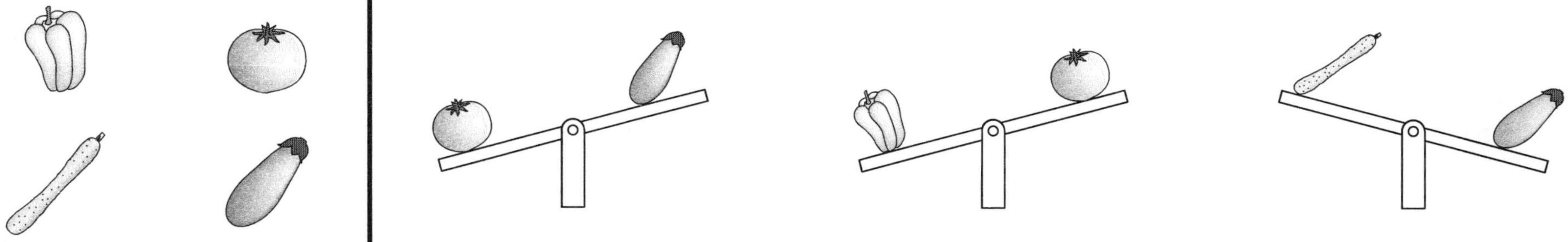

③

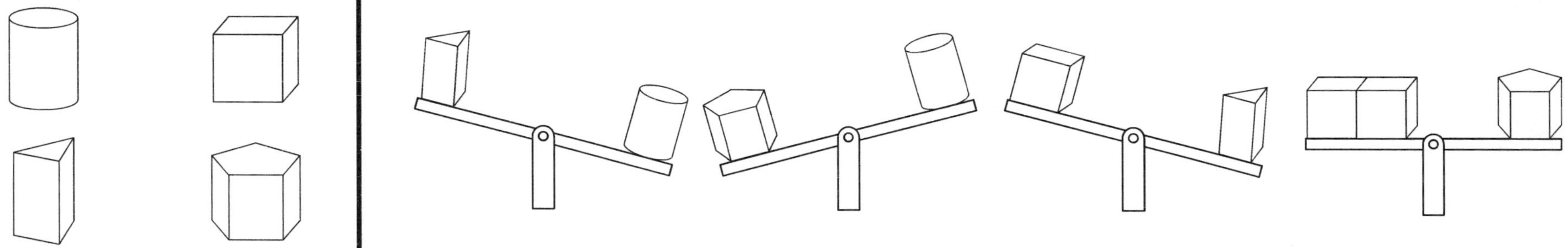

④

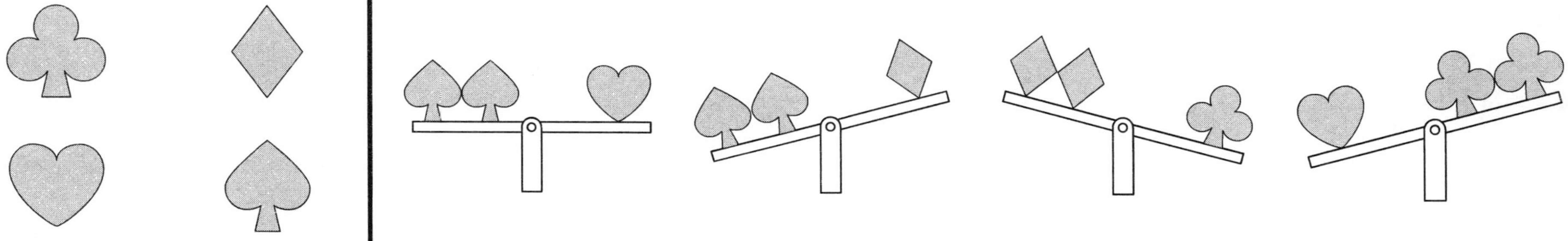

 無断複製／転載を禁ずる

問題３１

①

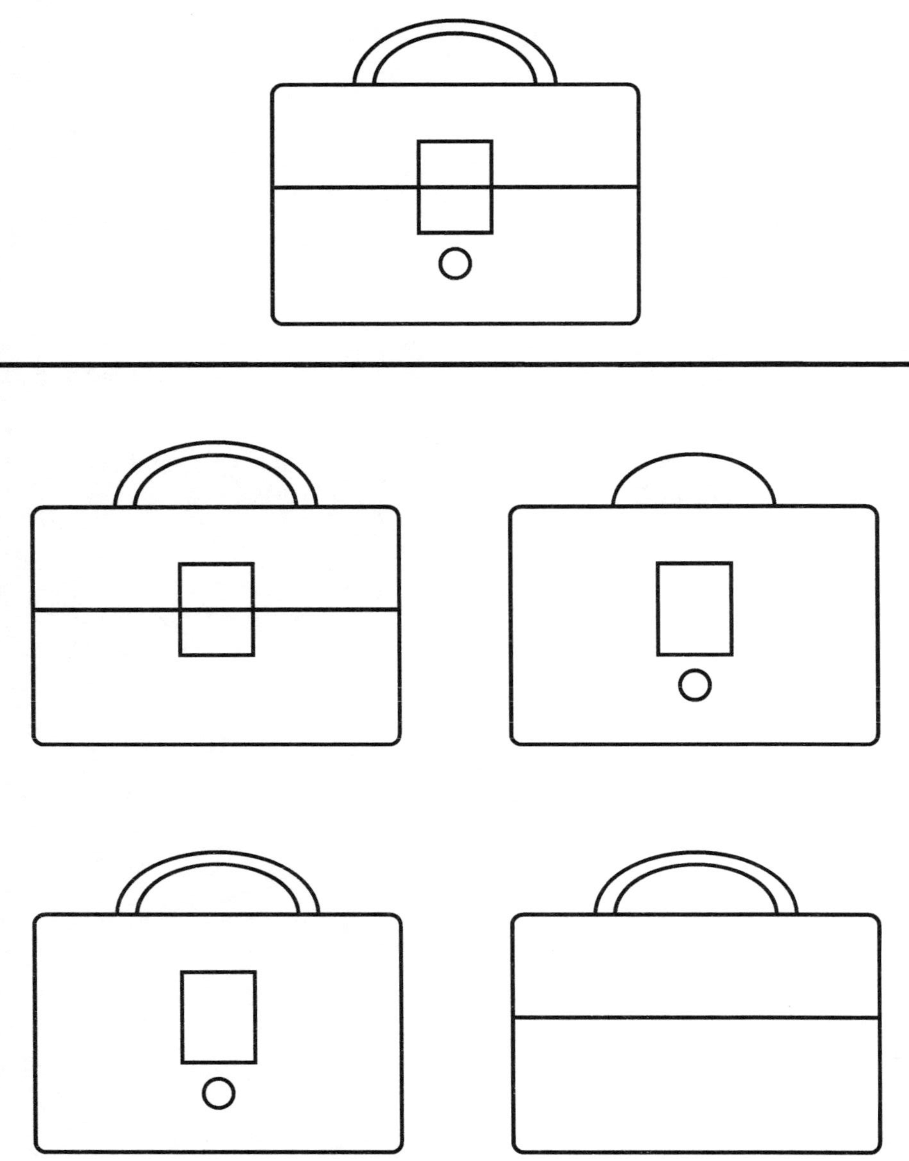

②

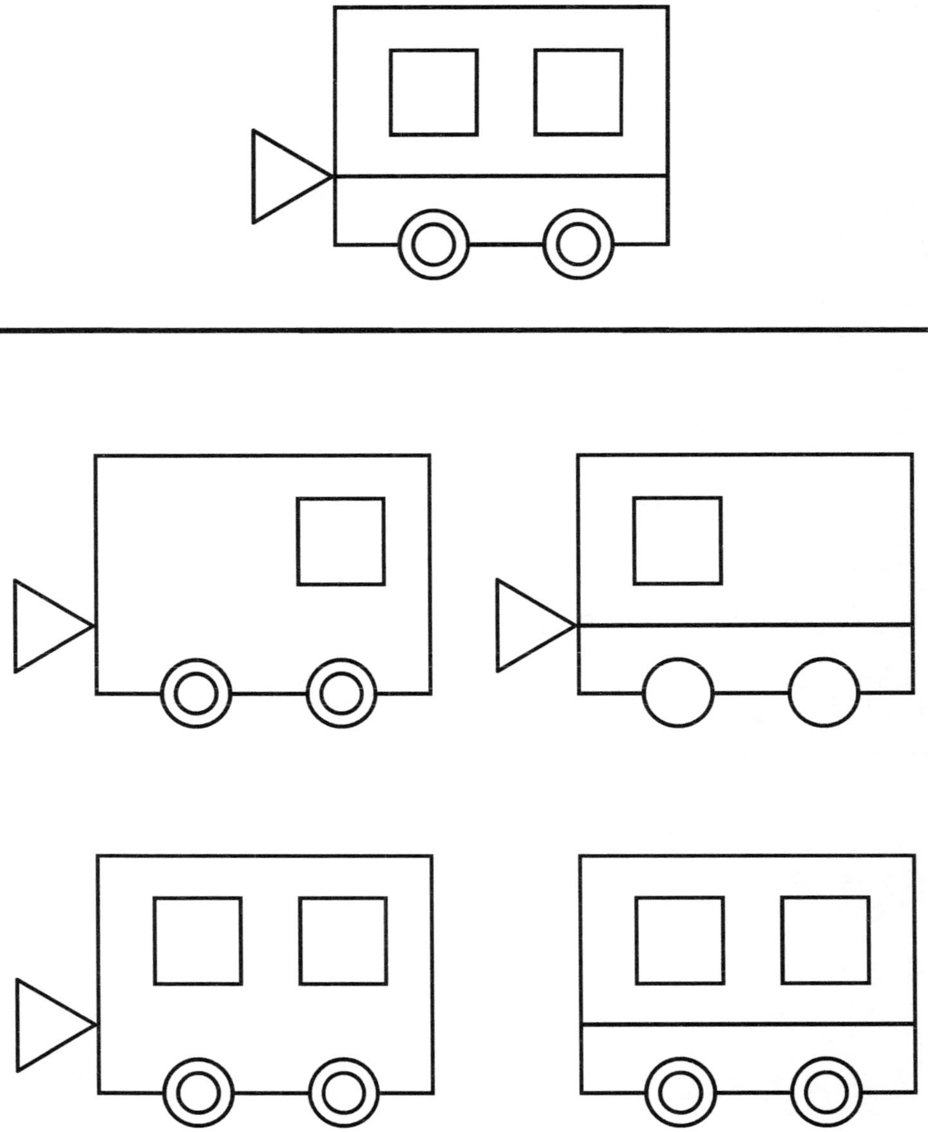

 無断複製／転載を禁ずる

日本学習図書株式会社

2025 年度 立教女学院 過去 無断複製／転載を禁ずる

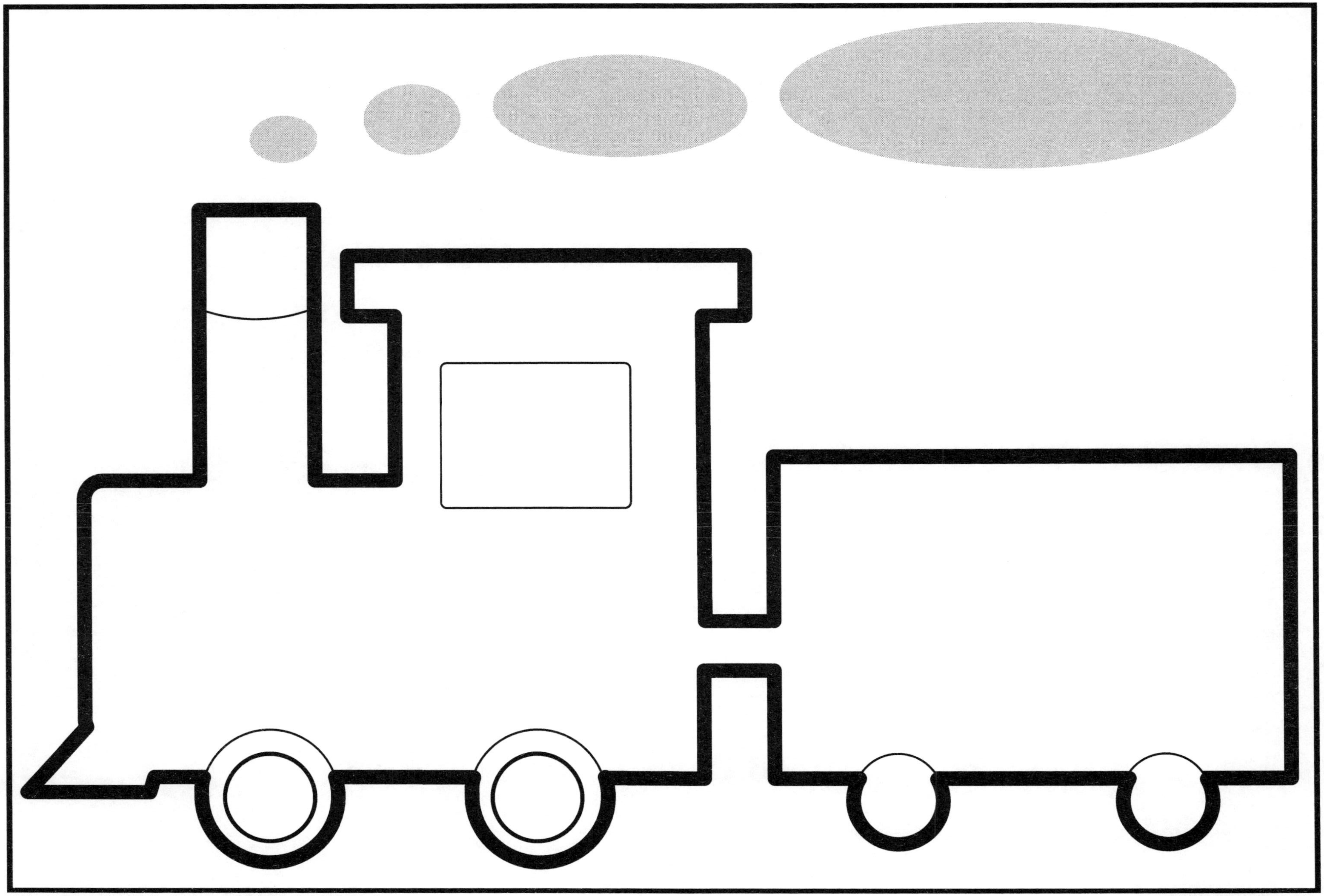

（例）

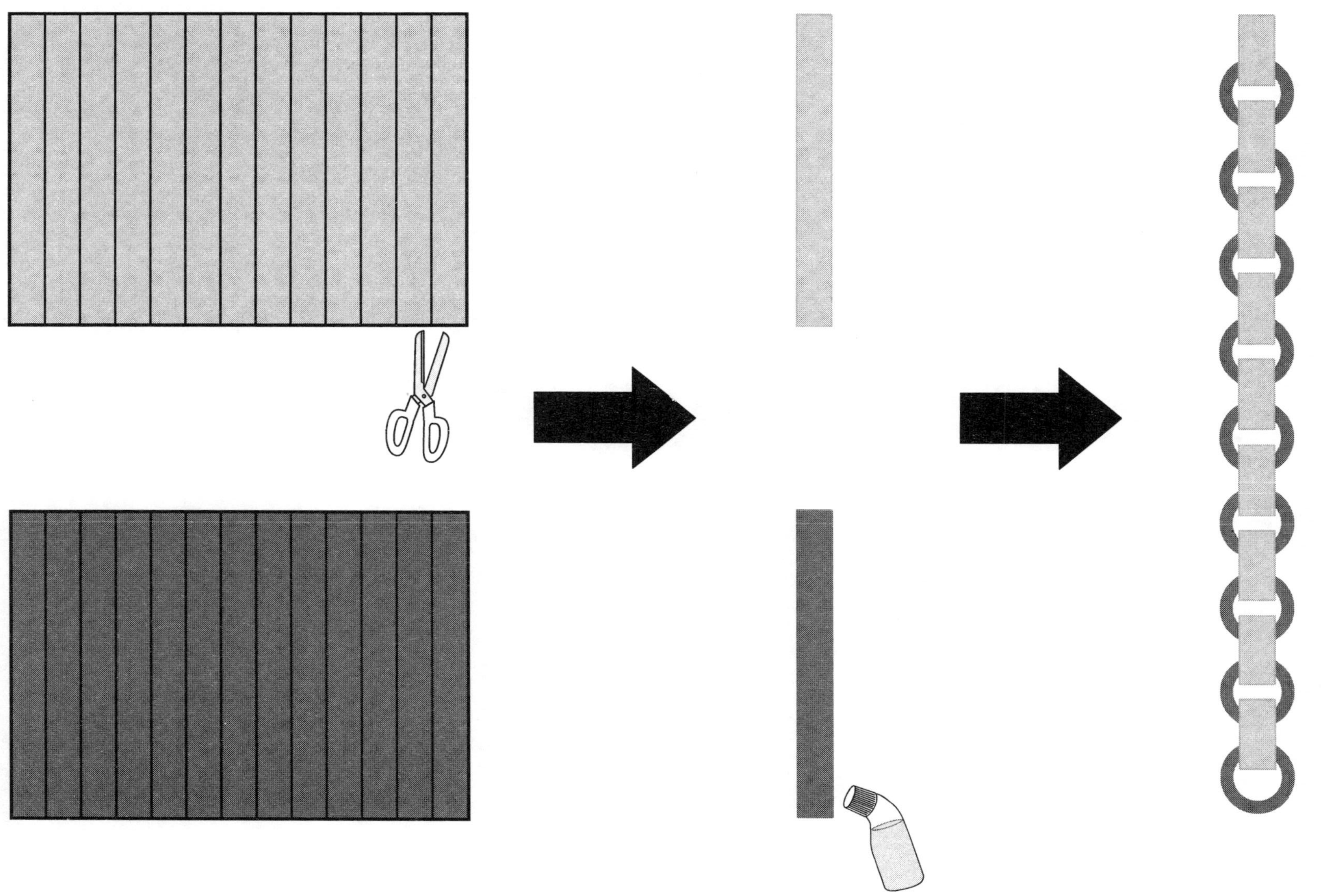

問題33

①

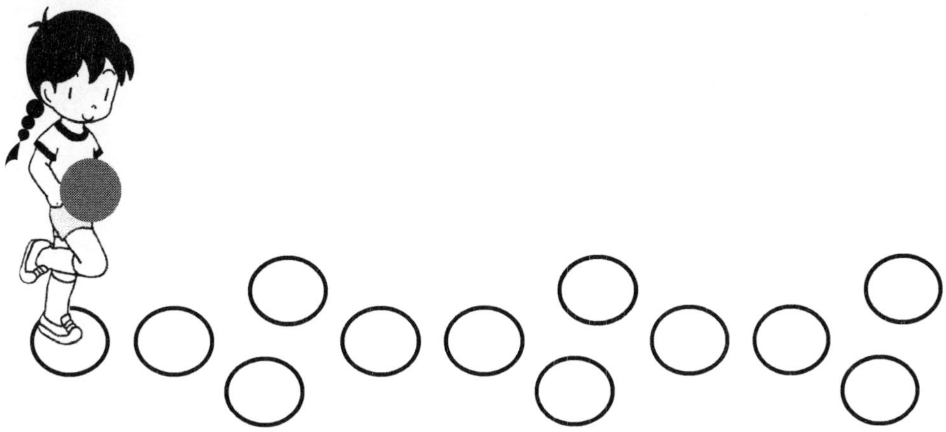

②

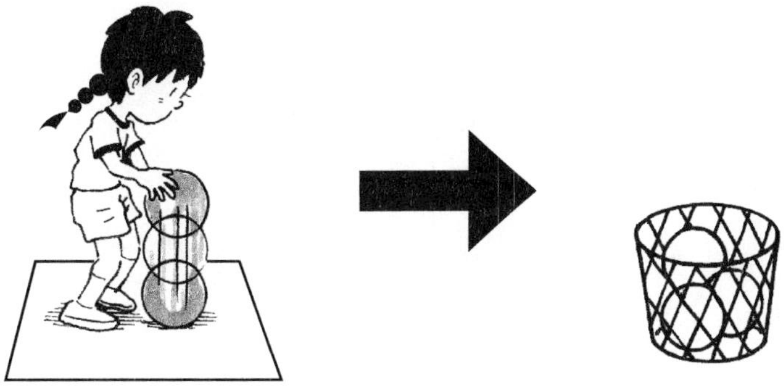

③

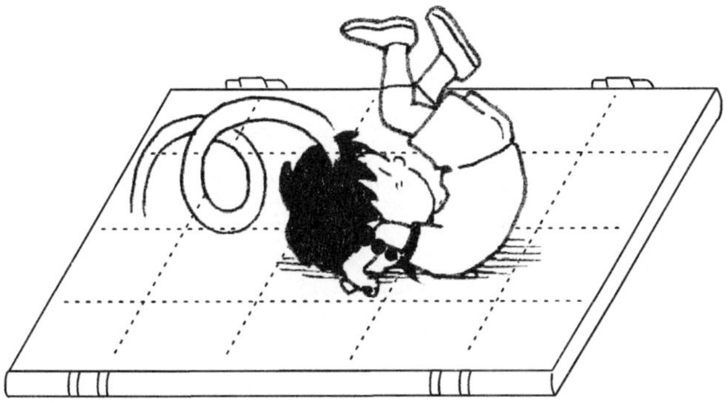

④

⑤

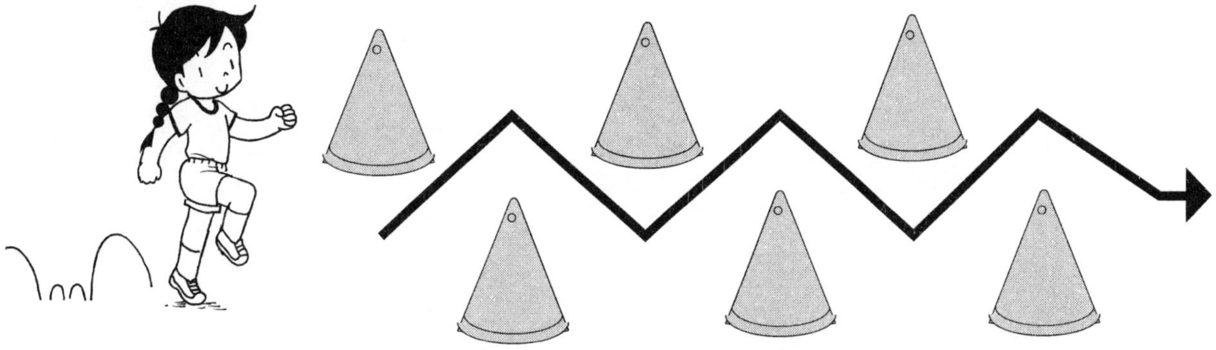

日本学習図書株式会社

2025年度 立教女学院 過去 無断複製／転載を禁ずる

図書カード 1000 円分プレゼント

ご記入日　　年　月　日

☆国・私立小学校受験アンケート☆

※可能な範囲でご記入下さい。選択肢は○で囲んで下さい。

〈小学校名〉＿＿＿＿＿＿＿＿　〈お子さまの性別〉男・女　〈誕生月〉＿＿月

〈その他の受験校〉（複数回答可）＿＿＿＿＿＿＿＿

〈受験日〉①：＿＿月＿＿日〈時間〉＿＿時＿＿分　～　＿＿時＿＿分

②：＿＿月＿＿日〈時間〉＿＿時＿＿分　～　＿＿時＿＿分

〈受験者数〉男女計＿＿名（男子＿＿名　女子＿＿名）

〈お子さまの服装〉＿＿＿＿＿＿＿＿

〈入試全体の流れ〉（記入例）準備体操→行動観察→ペーパーテスト

＿＿＿＿＿＿＿＿

Eメールによる情報提供

日本学習図書では、Eメールでも入試情報を募集しております。

下記のアドレスに、アンケートの内容をご入力の上、メールをお送り下さい。

ojuken@nichigaku.jp

●行動観察

（例）好きなおもちゃで遊ぶ・グループで協力するゲームなど

〈実施日〉＿＿月＿＿日〈時間〉＿＿時＿＿分　～　＿＿時＿＿分〈着替え〉□有　□無

〈出題方法〉□肉声　□録音　□その他（　　　　）〈お手本〉□有　□無

〈試験形態〉□個別　□集団（　　人程度）

〈会場図〉

〈内容〉

□自由遊び

＿＿＿＿＿＿＿＿

□グループ活動

＿＿＿＿＿＿＿＿

□その他

＿＿＿＿＿＿＿＿

●運動テスト（有・無）

（例）跳び箱・チームでの競争など

〈実施日〉＿＿月＿＿日〈時間〉＿＿時＿＿分　～　＿＿時＿＿分〈着替え〉□有　□無

〈出題方法〉□肉声　□録音　□その他（　　　　）〈お手本〉□有　□無

〈試験形態〉□個別　□集団（　　人程度）

〈会場図〉

〈内容〉

□サーキット運動

□走り　□跳び箱　□平均台　□ゴム跳び

□マット運動　□ボール運動　□なわ跳び

□クマ歩き

□グループ活動＿＿＿＿＿＿＿＿

□その他＿＿＿＿＿＿＿＿

●知能テスト・口頭試問

〈実施日〉 ＿＿＿月＿＿＿日 〈時間〉 ＿＿＿時＿＿＿分 ～ ＿＿＿時＿＿＿分 〈お手本〉□有 □無

〈出題方法〉 □肉声 □録音 □その他（　　　　　） 〈問題数〉 ＿＿枚 ＿＿問

分野	方法	内　容	詳細・イラスト
（例） お話の記憶	☑筆記 □口頭	動物たちが待ち合わせをする話	（あらすじ） 動物たちが待ち合わせをした。最初にウサギさんが来た。次にイヌくんが、その次にネコさんが来た。最後にタヌキくんが来た。 （問題・イラスト） ３番目に来た動物は誰か 
お話の記憶	□筆記 □口頭		（あらすじ） （問題・イラスト）
図形	□筆記 □口頭		
言語	□筆記 □口頭		
常識	□筆記 □口頭		
数量	□筆記 □口頭		
推理	□筆記 □口頭		
その他	□筆記 □口頭		

●制作　（例）ぬり絵・お絵かき・工作遊びなど

〈実施日〉＿＿月＿＿日〈時間〉＿＿時＿＿分＿～＿＿時＿＿分

〈出題方法〉□肉声 □録音 □その他（　　　　　）〈お手本〉□有 □無

〈試験形態〉□個別 □集団（　　　人程度）

材料・道具	制作内容
□ハサミ □のり（□つぼ □液体 □スティック） □セロハンテープ □鉛筆 □クレヨン（　色） □クーピーペン（　色） □サインペン（　色）□ □画用紙（□ A4 □ B4 □ A3 　□その他：　　　　） □折り紙 □新聞紙 □粘土 □その他（　　　　　）	□切る　□貼る　□塗る　□ちぎる　□結ぶ　□描く　□その他（　　　　　　） タイトル：＿＿＿＿＿＿＿＿＿＿＿＿

●面接

〈実施日〉＿＿月＿＿日〈時間〉＿＿時＿＿分＿～＿＿時＿＿分〈面接担当者〉＿＿名

〈試験形態〉□志願者のみ（　　）名 □保護者のみ □親子同時 □親子別々

〈質問内容〉

※試験会場の様子をご記入下さい。

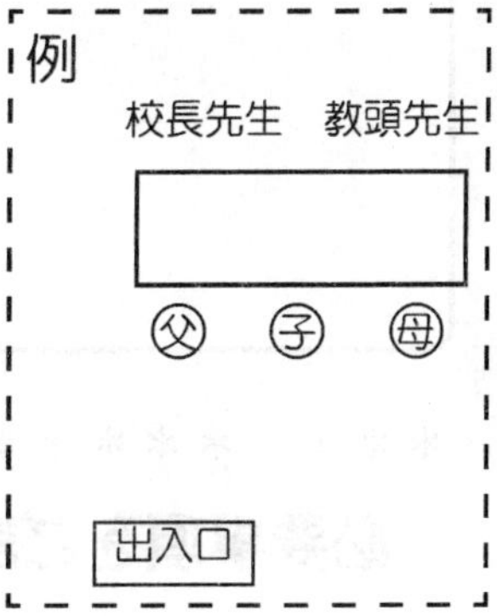

□志望動機　□お子さまの様子

□家庭の教育方針

□志望校についての知識・理解

□その他（　　　　　　　　　　　）

（詳　細）

・

・

・

・

●保護者作文・アンケートの提出（有・無）

〈提出日〉□面接直前　□出願時　□志願者考査中　□その他（　　　　　　　）

〈下書き〉□有　□無

〈アンケート内容〉

（記入例）当校を志望した理由はなんですか（150 字）

●**説明会**（□有　□無）〈開催日〉＿＿月＿＿日〈時間〉＿＿時＿＿分～＿＿時＿＿分

〈上履き〉　□要　□不要　〈願書配布〉　□有　□無　〈校舎見学〉　□有　□無

〈ご感想〉

●**参加された学校行事**（複数回答可）

公開授業〈開催日〉＿＿月＿＿日〈時間〉＿＿時＿＿分～＿＿時＿＿分

運動会など〈開催日〉＿＿月＿＿日〈時間〉＿＿時＿＿分～＿＿時＿＿分

学習発表会・音楽会など〈開催日〉＿＿月＿＿日〈時間〉＿＿時＿＿分～＿＿時＿＿分

〈ご感想〉

※是非参加したほうがよいと感じた行事について

●**受験を終えてのご感想、今後受験される方へのアドバイス**

※対策学習（重点的に学習しておいた方がよい分野）、当日準備しておいたほうがよい物など

＊＊＊＊＊＊＊＊＊＊＊＊＊　ご記入ありがとうございました　＊＊＊＊＊＊＊＊＊＊＊＊＊

必要事項をご記入の上、ポストにご投函ください。

なお、本アンケートの送付期限は入試終了後３ヶ月とさせていただきます。また、入試に関する情報の記入量が当社の基準に満たない場合、謝礼の送付ができないことがございます。あらかじめご了承ください。

ご住所：〒＿＿＿＿＿＿＿＿＿＿＿＿＿＿＿＿＿＿＿＿

お名前：＿＿＿＿＿＿＿＿＿＿＿＿　メール：＿＿＿＿＿＿＿＿＿＿＿＿

ＴＥＬ：＿＿＿＿＿＿＿＿＿＿＿＿　ＦＡＸ：＿＿＿＿＿＿＿＿＿＿＿＿

アンケートのご記入
ありがとうございました

ご記入頂いた個人に関する情報は、当社にて厳重に管理致します。弊社の個人情報取り扱いに関する詳細は、www.nichigaku.jp/policy.php の「個人情報の取り扱い」をご覧下さい。

分野別 小学入試練習帳 ジュニアウォッチャー

1．点・線図形	小学校入試で出題頻度の高い『点・線図形』の模写を、難易度の低いものから段階別に幅広く練習することができるように構成。
2．座標	図形の位置模写という作業を、難易度の低いものから段階別に練習できるように構成。
3．パズル	様々なパズルの問題を難易度の低いものから段階別に練習できるように構成。
4．同図形探し	小学校入試で出題頻度の高い、同図形選びの問題を繰り返し練習できるように構成。
5．回転・展開	図形などを回転、または展開したとき、形がどのように変化するかを学習し、理解を深められるように構成。
6．系列	数、図形などの様々な系列問題を、難易度の低いものから段階別に練習できるように構成。
7．迷路	迷路の問題を繰り返し練習できるように構成。
8．対称	対称に関する問題を４つのテーマに分類し、各テーマごとに問題を段階別に練習できるように構成。
9．合成	図形の合成に関する問題を、難易度の低いものから段階別に練習できるように構成。
10. 四方からの観察	もの（立体）を様々な角度から見て、どのように見えるかを推理する問題を段階別に整理し、１つの形式で複数の問題を練習できるように構成。
11. いろいろな仲間	ものや動物、植物の共通点を見つけ、分類していく問題を中心に構成。
12. 日常生活	日常生活における様々な問題を６つのテーマに分類し、各テーマごとに一つの問題形式で複数の問題を練習できるように構成。
13. 時間の流れ	『時間』に着目し、様々なものごとは、時間が経過するとどのように変化するのかということを学習し、理解できるように構成。
14. 数える	様々なものを『数える』ことから、数の多少の判定やかけ算、わり算の基礎までを練習できるように構成。
15. 比較	比較に関する問題を５つのテーマ（数、高さ、長さ、量、重さ）に分類し、各テーマごとに問題を段階別に練習できるように構成。
16. 積み木	数える対象を積み木に限定した問題集。
17. 言葉の音遊び	言葉の音に関する問題を５つのテーマに分類し、各テーマごとに問題を段階別に練習できるように構成。
18. いろいろな言葉	表現力をより豊かにするいろいろな言葉として、擬態語や擬声語、同音異義語、反意語、数詞を取り上げた問題集。
19. お話の記憶	お話を聴いてその内容を記憶、理解し、設問に答える形式の問題集。
20. 見る記憶・聴く記憶	「見て憶える」「聴いて憶える」という『記憶』分野に特化した問題集。
21. お話作り	いくつかの絵を元にしてお話を作る練習をして、想像力を養うことができるように構成。
22. 想像画	描かれてある形や景色に好きな絵を描くことにより、想像力を養うことができるように構成。
23. 切る・貼る・塗る	小学校入試で出題頻度の高い、はさみやのりなどを用いた巧緻性の問題を繰り返し練習できるように構成。
24・絵画	小学校入試で出題頻度の高い、お絵かきやぬり絵などクレヨンやクーピーペンを用いた巧緻性の問題を繰り返し練習できるように構成。
25. 生活巧緻性	小学校入試で出題頻度の高い日常生活の様々な場面における巧緻性の問題集。
26. 文字・数字	ひらがなの清音、濁音、拗音、拗長音、促音と１～20までの数字に焦点を絞り、練習できるように構成。
27. 理科	小学校入試で出題頻度が高くなりつつある理科の問題を集めた問題集。
28. 運動	出題頻度の高い運動問題を種目別に分けて構成。
29. 行動観察	項目ごとに問題提起をし、「このような時はどうか、あるいはどう対処するのか」の観点から問いかける形式の問題集。
30. 生活習慣	学校から家庭に提起された問題と思って、一問一問絵を見ながら話し合い、考える形式の問題集。

31. 推理思考	数、量、言語、常識（含理科、一般）など、諸々のジャンルから問題を構成し、近年の小学校入試問題傾向に沿って構成。
32. ブラックボックス	箱や筒の中を通ると、どのようなお約束でどのように変化するかを推理・思考する問題集。
33. シーソー	重さの違うものをシーソーに乗せた時どちらに傾くのか、またどうすればシーソーは釣り合うのかを思考する基礎的な問題集。
34. 季節	様々な行事や植物などを季節別に分類できるように知識をつける問題集。
35. 重ね図形	小学校入試で頻繁に出題されている「図形を重ね合わせてできる形」についての問題を集めました。
36. 同数発見	様々な物を数え「同じ数」を発見し、数の多少の判断や数の認識の基礎を学べるように構成した問題集。
37. 選んで数える	数の学習の基本となる、いろいろなものの数を正しく数える学習を行う問題集。
38. たし算・ひき算１	数字を使わず、たし算とひき算の基礎を身につけるための問題集。
39. たし算・ひき算２	数字を使わず、たし算とひき算の基礎を身につけるための問題集。
40. 数を分ける	数を等しく分ける問題です。等しく分けたときに余りが出るものもあります。
41. 数の構成	ある数がどのような数で構成されているか学んでいきます。
42. 一対多の対応	一対一の対応から、一対多の対応まで、かけ算の考え方の基礎学習を行います。
43. 数のやりとり	あげたり、もらったり、数の変化をしっかりと学びます。
44. 見えない数	指定された条件から数を導き出します。
45. 図形分割	図形の分割に関する問題集。パズルや合成の分野にも通じる様々な問題を集めました。
46. 回転図形	「回転図形」に関する問題集。やさしい問題から始め、いくつかの代表的なパターンから、段階を踏んで学習できるよう編集されています。
47. 座標の移動	「マス目の指示通りに移動する問題」と「指示された数だけ移動する問題」を収録。
48. 鏡図形	鏡で左右反転させた時の見え方を考えます。平面図形から立体図形、文字、絵まで。
49. しりとり	すべての学習の基礎となる「言葉」を学ぶこと、特に「語彙」を増やすことに重点をおき、さまざまなタイプの「しりとり」問題を集めました。
50. 観覧車	観覧車やメリーゴーラウンドなどを舞台にした「回転系列」の問題集。「推理思考」分野の問題ですが、要素として「図形」や「数量」も含みます。
51. 運筆①	鉛筆の持ち方を学び、点線なぞり、お手本を見ながらの模写で、線を引く練習をします。
52. 運筆②	運筆①からさらに発展し、「欠所補完」や「迷路」などを楽しみながら、より複雑な鉛筆運びを習得することを目指します。
53. 四方からの観察 積み木編	積み木を使用した「四方からの観察」に関する問題を練習できるように構成。
54. 図形の構成	見本の図形がどのような部分によって形づくられているかを考えます。
55. 理科②	理科的知識に関する問題を集中して練習する「常識」分野の問題集。
56. マナーとルール	道路や駅、公共の場でのマナー、安全や衛生に関する常識を学べるように構成。
57. 置き換え	さまざまな具体的・抽象的事象を記号で表す「置き換え」の問題を扱います。
58. 比較②	長さ・高さ・体積・数などを数学的な知識を使わず、論理的に推測する「比較」の問題を練習できるように構成。
59. 欠所補完	線と線のつながり、欠けた絵に当てはまるものなどを求める「欠所補完」に取り組める問題集です。
60. 言葉の音（おん）	しりとり、決まった順番の音をつなげるなど、「言葉の音」に関する問題に取り組める練習問題集です。

◆◆ニチガクのおすすめ問題集◆◆

より充実した家庭学習を目指し、ニチガクではさまざまな問題集をとりそろえております!!

ジュニアウォッチャー（既刊60巻）

①～⑹ （以下続刊）
本体各￥1,500＋税

入試出題頻度の高い9分野を、さらに60の項目に細分化した問題集が出来ました。
苦手分野におけるつまずきを効率よく克服するための60冊となっており、小学校受験における基礎学習にぴったりの問題集です。ポイントが絞られているため、無駄なく学習を進められる、まさに小学校受験問題集の入門編です。

国立・私立NEWウォッチャーズ

言語／理科／図形／記憶
常識／数量／推理
各2巻・全14巻
本体各￥2,000＋税

シリーズ累計発行部数40万部以上を誇る大ベストセラー「ウォッチャーズシリーズ」の趣旨を引き継ぐ新シリーズができました！
こちらは国立・私立それぞれの出題傾向に合わせた分野別問題集です。全問「解答のポイント」「ミシン目」付き、切り離し可能なプリント学習タイプで家庭学習におすすめです！

まいにちウォッチャーズ（全16巻）

導入編／練習編
実践編／応用編　各4巻
本体各￥2,000＋税

シリーズ累計発行部数40万部以上を誇る大ベストセラー「ウォッチャーズシリーズ」の趣旨を引き継ぐ新シリーズができました！
こちらは、お子さまの学習進度に合わせ、全分野を網羅できる総合問題集です。全問「解答のポイント」「ミシン目」付き、切り離し可能なプリント学習タイプで家庭学習におすすめです！

実践 ゆびさきトレーニング①・②・③

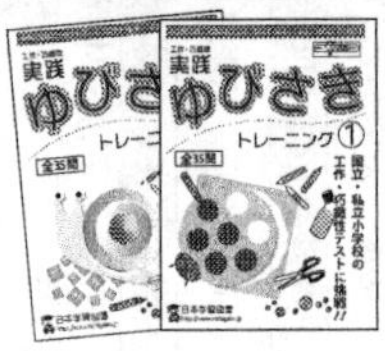

①・②・③　全3巻
本体　各￥2,500＋税

制作問題に特化した問題集ができました。
有名校が実際に出題した問題を分析し、類題を各35問ずつ掲載しています。様々な道具の扱い方（はさみ・のり・セロハンテープの使い方）から、手先・指先の訓練（ちぎる・貼る・塗る・切る・結ぶ）、表現することの楽しさも学習することができる問題集です。

お話の記憶問題集

初級編
本体￥2,600＋税
中級編／上級編
本体各￥2,000＋税

「お話の記憶」分野の問題集ができました。
あらゆる学習に不可欠な、語彙力・集中力・記憶力・理解力・想像力を養うと言われているのが「お話の記憶」という分野です。難易度別に収録されていますので、まずは初級編、慣れてきたら中級編・上級編と学習を進められます。

分野別 苦手克服シリーズ（全6巻）

図形／数量／言語
常識／記憶／推理
本体各￥2,000＋税

お子さまの苦手を克服する問題集ができました。
アンケートに基づき、多くのお子さまが苦手とする数量・図形・言語・常識・記憶の6分野を、それぞれ問題集にまとめました。全問アドバイス付きですので、ご家庭において、そのつまづきを解消するためのプロセスも理解できます。

運動テスト・ノンペーパーテスト問題集

新 運動テスト問題集
本体￥2,200＋税

新ノンペーパーテスト問題集
本体￥2,600＋税

ノンペーパーテストは国立・私立小学校で幅広く出題される、筆記用具を使用しない分野の問題を全40問掲載しています。
運動テスト問題集は運動分野に特化した問題集です。指示の理解や、ルールを守る訓練など、ポイントを押さえた学習に最適。全35問掲載。

口頭試問・面接テスト問題集

新 口頭試問・個別テスト問題集
本体￥2,500＋税

面接テスト問題集
本体￥2,000＋税

口頭試問は主に個別テストとして口頭で出題解答を行うテスト形式、面接は主に「考え」やふだんの「あり方」をたずねられるものです。
口頭で答える点は同じですが、内容は大きく異なります。想定する質問内容や答え方の幅を広げるために、どちらも手にとっていただきたい問題集です。

小学校受験 厳選難問集 ①・②

①・②・③　全3巻
本体各￥2,600＋税

実際に出題された入試問題の中から、難易度の高い問題をピックアップし、アレンジした問題集です。応用問題への挑戦は、基礎の理解度を測るだけでなく、お子さまの達成感・知的好奇心を触発します。
①は数量・図形・推理・言語、②は位置・常識・比較・記憶分野を掲載しています。各40問。

国立小学校　入試問題総集編

A・B・C（全3巻）
本体各￥3,282＋税

国立小学校頻出の問題を厳選して収録した問題集です。細かな指導方法やアドバイスが掲載してあり、効率的な学習が進められます。
難易度別の収録となっており、お子さまの学習進度に合わせて利用できます。付録のレーダーチャートにより得意・不得意を認識でき、国立小学校受験対策に最適な総合問題集です。

おうちでチャレンジ ①・②

①・②　全2巻
本体　各￥1,800＋税

関西最大級の模擬試験『小学校受験標準テスト』ペーパー問題を編集した、実力養成に最適な問題集です。延べ受験者数10,000人以上のデータを分析し、お子さまの習熟度・到達度を一目で判別できるようになっています。
保護者必読の特別アドバイス収録！学習習熟度を測るためにも、定期的に活用したい一冊です。

Q＆Aシリーズ

『小学校受験で知っておくべき125のこと』
『新小学校受験の入試面接Q＆A』
『新小学校受験 願書・アンケート文例集500』

本体各￥2,600＋税

「知りたい！」「聞きたい！」
「こんな時どうすれば…？」
そんな疑問や悩みにお答えする、当社で人気の保護者向け書籍です。受験を考え始めた保護者の方や、実際に入試の出願・面接などを控えている直前の保護者の方など、さまざまな場面で参考にしていただける書籍となっています。

書籍についてのご注文・お問い合わせ
☎ 03-5261-8951

http://www.nichigaku.jp
※ご注文方法、書籍についての詳細は、Webサイトをご覧ください。

日本学習図書　検索

『読み聞かせ』×『質問』＝『聞く力』

お話の記憶の練習に最適

1話5分の 読み聞かせお話集①②

「アラビアン・ナイト」「アンデルセン童話」「イソップ寓話」「グリム童話」、日本や各国の民話、昔話、偉人伝の中から、教育的な物語や、過去に小学校入試でも出題された有名なお話を中心に掲載。お話ごとに、内容に関連したお子さまへの質問も掲載しています。「読み聞かせ」を通して、お子さまの『聞く力』を伸ばすことを目指します。

①巻・②巻　各48話

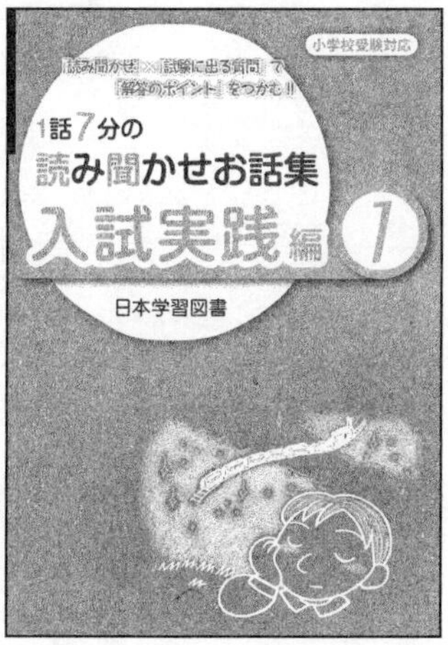

1話7分の読み聞かせお話集 入試実践編①

国立・私立小学校受験対応

最長1,700文字の長文のお話を掲載。有名でない＝「聞いたことのない」お話を聞くことで、『集中力』のアップを目指します。設問も、実際の試験を意識した設問としています。ペーパーテスト実施校の多くが「お話の記憶」の問題を出題します。毎日の「読み聞かせ」と「試験に出る質問」で、「解答のポイント」をつかんで臨みましょう！

50話収録

ニチガクの この5冊で受験準備も万全！

小学校受験入門 願書の書き方から面接まで リニューアル版

主要私立・国立小学校の願書・面接内容を中心に、学校選びや入試の分野傾向、服装コーディネート、持ち物リストなども網羅し、受験準備全体をサポートします。

小学校受験で 知っておくべき 125のこと

小学校受験の基本から怪しい「ウワサ」まで、保護者の方々からの125の質問にていねいに解答。目からウロコのお受験本。

新　小学校受験の 入試面接Q＆A リニューアル版

過去十数年に遡り、面接での質問内容を網羅。小学校別、父親・母親・志願者別、さらに学校のこと・志望動機・お子さまについてなど分野ごとに模範解答例やアドバイスを掲載。

新　願書・アンケート 文例集500 リニューアル版

有名私立小、難関国立小の願書やアンケートに記入するための適切な文例を、質問の項目別に収録。合格を掴むためのヒントが満載！願書を書く前に、ぜひ一度お読みください。

小学校受験に関する 保護者の悩みQ＆A

保護者の方約1,000人に、学習・生活・躾に関する悩みや問題を取材。その中から厳選した200例以上の悩みに、「ふだんの生活」と「入試直前」のアドバイス2本立てで悩みを解決。

日本学習図書株式会社

立教女学院小学校　専用注文書

年　　月　　日

合格のための問題集ベスト・セレクション

＊入試頻出分野ベスト３

1st　お話の記憶
集中力　聞く力

2nd　図　形
観察力　思考力

3rd　制　作
聞く力　話す力　創造力

例年、志望者数の多い学校です。ペーパーの出題範囲は広いですが、基礎的な内容が多いため、ミスをしないことが大切です。面接では、しっかりと方針を固めてから臨みましょう。

分野	書　名	価格(税込)	注文	分野	書　名	価格(税抜)	注文
推理	Ｊｒ・ウォッチャー 7「迷路」	1,650円	冊	数量	Ｊｒ・ウォッチャー 40「数を分ける」	1,500円	冊
常識	Ｊｒ・ウォッチャー 12「日常生活」	1,650円	冊	図形	Ｊｒ・ウォッチャー 46「回転図形」	1,650円	冊
数量	Ｊｒ・ウォッチャー 14「数える」	1,650円	冊	言語	Ｊｒ・ウォッチャー 49「しりとり」	1,650円	冊
言語	Ｊｒ・ウォッチャー 17「言葉の音遊び」	1,650円	冊	常識	Ｊｒ・ウォッチャー 55「理科②」	1,650円	冊
言語	Ｊｒ・ウォッチャー 18「いろいろな言葉」	1,650円	冊	常識	Ｊｒ・ウォッチャー 56「マナーとルール」	1,650円	冊
記憶	Ｊｒ・ウォッチャー 19「お話の記憶」	1,650円	冊	言語	Ｊｒ・ウォッチャー 60「言葉の音（おん）」	1,650円	冊
巧緻性	Ｊｒ・ウォッチャー 23「切る・貼る・塗る」	1,650円	冊		新 小学校受験の入試面接Ｑ＆Ａ	2,860円	冊
巧緻性	Ｊｒ・ウォッチャー 25「生活巧緻性」	1,650円	冊		実践 ゆびさきトレーニング①②③	2,750円	各　冊
常識	Ｊｒ・ウォッチャー 27「理科」	1,650円	冊		保護者のための面接最強マニュアル	2,200円	冊
運動	Ｊｒ・ウォッチャー 28「運動」	1,650円	冊		１話５分の読み聞かせお話集①②	1,980円	各　冊
推理	Ｊｒ・ウォッチャー 32「ブラックボックス」	1,650円	冊		お話の記憶　初級編	2,860円	冊
数量	Ｊｒ・ウォッチャー 37「選んで数える」	1,650円	冊		お話の記憶　中級編	2,260円	冊
数量	Ｊｒ・ウォッチャー 38「たし算・ひき算１」	1,650円	冊		家庭で行う面接テスト問題集	2,200円	冊
数量	Ｊｒ・ウォッチャー 39「たし算・ひき算２」	1,650円	冊		新 運動テスト問題集	2,420円	冊

合計	冊	円

（フリガナ） 氏　名	電　話 ＦＡＸ E-mail
住 所　〒　　　－	以前にご注文されたことはございますか。 有　・　無

★お近くの書店、または記載の電話・FAX・ホームページにてご注文をお受けしております。
電話：03-5261-8951　FAX：03-5261-8953　代金は書籍合計金額＋送料がかかります。
※なお、落丁・乱丁以外の理由による商品の返品・交換には応じかねます。

★ご記入頂いた個人に関する情報は、当社にて厳重に管理致します。なお、ご購入の商品発送の他に、当社発行の書籍案内、書籍に関する調査に使用させて頂く場合がございますので、予めご了承ください。

日本学習図書株式会社
https://www.nichigaku.jp

家庭学習をトータルサポート！ ニチガクのオリジナル 効果的 学習法

1 まずは アドバイスページを読む！

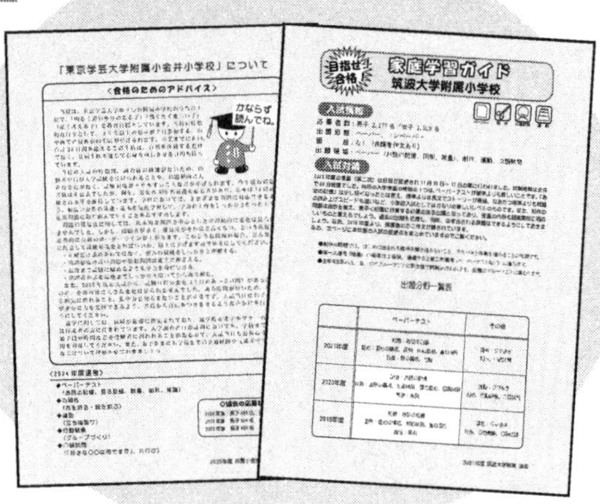

対策や試験ポイントがぎっしりつまった「家庭学習ガイド」。分野アイコンで、試験の傾向をおさえよう！

2 問題をすべて読み、出題傾向を把握する

3 「アドバイス」で学校側の観点や問題の解説を熟読

4 はじめて過去問題にチャレンジ！

5 プラスα 対策問題集や類題で力を付ける

過去問のこだわり

ピンク色です

最新問題は問題ページ、イラストページ、解答・解説ページが独立しており、お子さまにすぐに取り掛かっていただける作りになっています。
ニチガクの学校別問題集ならではの、学習法を含めたアドバイスを利用して効率のよい家庭学習を進めてください。

各問題のジャンル

問題4 分野：系列

〈準 備〉 クーピーペン（赤）

〈問 題〉 左側に並んでいる３つの形を見てください。真ん中の抜けているところには右側のどの四角が入ると繋がるでしょうか。右側から探して○を付けてください。

〈時 間〉 30秒

〈解 答〉 ①真ん中　②右　③左

アドバイス

複雑な系列の問題です。それぞれの問題がどのような約束で構成されているのか確認をしましょう。この約束が理解できていないと問題を解くことができません。また、約束を見つけるとき、一つの視点、考えに固執するのではなく、色々と着眼点を変えてとらえるようにすることで発見しやすくなります。この問題では、①と②は中の模様が右の方へまっすぐ1つずつ移動しています。③は4つの矢印が右の方へ回転して1つずつ移動しています。それぞれ移動のし方が違うことに気が付きましたでしょうか。系列にも様々な出題がありますので、このような系列の問題も学習しておくことをおすすめ致します。系列の問題は、約束を早く見つけることがポイントです。

【おすすめ問題集】
Ｊｒ・ウォッチャー６「系列」

問題5 分野：数量（一対多の対応）

アドバイス

各問題の解説や学校の観点、指導のポイントなどを教えます。
今日から保護者の方が家庭学習の先生に！

おすすめ対策問題集

分野ごとに対策問題集をご紹介。苦手分野の克服に最適です！
＊専用注文書付き。

2025年度版　立教女学院小学校
過去問題集

発行日　2024年7月26日
発行所　〒162-0821 東京都新宿区津久戸町 3-11-9F
日本学習図書株式会社
電　話　03-5261-8951 ㈹

・本書の一部または全部を無断で複写転載することは禁じられています。
乱丁、落丁の場合は発行所でお取り替え致します。

ISBN978-4-7761-5559-1
C6037 ¥2100E
9784776155591

定価 2,310 円
（本体 2,100 円＋税 10%）
1926037021001

詳細は https://www.nichigaku.jp 日本学習図書 検索